DER MOD

DARSTELLUNG EINES IN ARCHITEKTUR UND TECHNIK ALLGEMEIN ANWENDBAREN HARMONISCHEN MASZES IM MENSCHLICHEN MASZSTAB

Mit einem Vorwort von Georges Candilis
Titel des französischen Originals: „Le Modulor"
Übertragung aus dem Französischen: Richard Herre
Übertragung des Vorworts von Georges Candilis: Nora von Mühlendahl

CIP-Kurztitelaufnahme der Deutschen Bibliothek

Le Corbusier
Der Modulor: Darst. e. in Architektur u. Technik
allg. anwendbaren harmon. Maßes im menschl. Maßstab. —
3. Aufl. (Faks.-Wiedergabe d. 2. Aufl. 1956). —
Stuttgart: Deutsche Verlags-Anstalt, 1978.
Einheitssacht.: Le modulor 〈dt.〉
ISBN 3-421-02521-5

Deutsche Verlags-Anstalt GmbH, Stuttgart
3. Auflage 1978
(Faksimile-Wiedergabe der 2. Auflage 1956)
Für die deutsche Übersetzung
Copyright 1953 by J. G. Cotta'sche Buchhandlung
Nachfolger Stuttgart
Alle Rechte vorbehalten
Gesamtherstellung: W. Röck, Weinsberg
Printed in Germany

VORWORT ZUR ZWEITEN (FRANZÖSISCHEN) AUFLAGE

Die erste Auflage des MODULOR war sehr rasch vergriffen. In der ganzen Welt hat der MODULOR eine freundliche Aufnahme gefunden. Die Fachleute haben erkannt, daß es sich dabei keineswegs um eine Geheimlehre, sondern um ein vorhandenes Werkzeug handelt, das man den Formgestaltern in die Hand geben kann mit dem einzigen Ziel – wie es Professor Einstein so richtig ausgedrückt hat –: „das Schlechte schwer und das Gute leicht zu machen". Der MODULOR ist eine Tonleiter. Die Musiker besitzen eine Tonleiter; nach Gutdünken machen sie damit mittelmäßige oder gute Musik.

Im Augenblick, da die erste Auflage des MODULOR vergriffen ist, ereignet sich etwas Bezeichnendes: anläßlich der neunten Mailänder Triennale wurde mit der Unterstützung der staatlichen italienischen Bibliotheken und der Nationalbibliothek in Paris eine bibliographische Ausstellung eröffnet. Sie sollte der Annäherung der seit Jahrhunderten in mehreren Ländern angestellten Untersuchungen über Wissenszweige dienen, die künstlerisch und wissenschaftlich die Grundlagen jeder bildnerischen Gestaltung darstellen.

So konnte man zum erstenmal die Werke von Villard de Honnecourt (XIII. Jahrhundert), Francesco di Giorgio, Piero de la Francesca mit den Originalausgaben von Luca Pacioli, Dürer, Alberti, Delorme, Campano, Barbaro, Cousin, Serlio, Palladio, Leonardo, Galilei, Descartes usw. vereinigt sehen wie auch mit den so zeitgemäßen Büchern von Speiser, Kayser, Wittkower, Lund, Ghyka usw.

Auf Wunsch des Präsidenten der Triennale, Herrn Ivan Matteo Lombardi, wurde die Ausstellung mit einer graphischen Darstellung des MODULOR beschlossen. „Der MODULOR", schrieb er, „ist der Angelpunkt, um den sich alle Proportionsprobleme der modernen Architektur bewegen".

Vom 26. bis 29. September 1951 organisierte die Triennale die Erste Internationale Begegnung „De Divina Proportione" von Gelehrten, Mathematikern, Ästhetikern, Architekten und Künst-

*lern aus allen Erdteilen. Die Teilnehmer dieser „Internationalen Begegnung" wollten nicht
auseinandergehn, ohne einen ständigen Studienausschuß einzusetzen mit dem Auftrag, ihre
Arbeit fortzusetzen und fruchtbar zu machen. Dem Unterzeichneten wurde der Vorsitz dieses
Ausschusses übertragen. Zur gleichen Zeit kündigte das Museum of Modern Art in New York
telegraphisch seine Absicht an, die zweite „Internationale Begegnung über die Proportion"
in New York abzuhalten.*

*Zwischen dem Erscheinen der ersten Auflage des MODULOR und den eben erwähnten Ereig-
nissen zeigte sich eine eindrucksvolle Teilnahme der Leser: zahlreiche Beobachtungen, Vorschläge und Gegenvorschläge, Kritiken und Mitteilungen wurden aus allen Himmelsgegenden
vorgebracht und rechtfertigten damit meinen abschließenden Satz im Kapitel 8 der ersten Auflage: „Das Wort haben nunmehr die Benutzer". Diese Anteilnahme der öffentlichen Meinung
war mir sehr wichtig; ich selbst habe seit 1948 den MODULOR bei umfangreichen städtebaulichen, architektonischen und bildnerischen Arbeiten in Amerika und Europa angewandt.
Auch andere Baukünstler haben den MODULOR in bedeutsamer Weise verwendet.*

*Im Einvernehmen mit dem Verlag habe ich mich daher zur Vorbereitung und Drucklegung
eines neuen Bandes: MODULOR 2 entschlossen. So wurde also das Tor zu dem wunderbaren
menschlichen Problem der Harmonie durch die Verhältnisse der Maße nicht vergeblich aufgemacht. Dieses Interessengebiet war vom Schachbrett der Fachleute verschwunden, oder es
hatte sich in Mystik oder Esoterik gehüllt. Der „MODULOR 2" wird nunmehr unter Mithilfe
der Leser ein Thema weiter entwickeln, das mit den zeitgenössischen Problemen innig verbunden ist.*

Paris, den 8. Oktober 1951

LE CORBUSIER

VORWORT ZUR DRITTEN (DEUTSCHEN) AUFLAGE

Paris im Dezember 1945. Der Krieg ist zu Ende. Man glaubt, daß sich alles ändern wird. Die Menschen sind voll Hoffnung und Begeisterung.

Ich klopfe an die Tür des Ateliers von Le Corbusier in der Rue de Sèvres 35. Er öffnet selbst und fragt mich barsch: „Was wollen Sie?"

Ich bin erstaunt über diesen unerwarteten Empfang. Schüchtern antworte ich ihm: „Ich bin ein griechischer Architekt und komme, um Ihnen guten Tag zu sagen." Seine Haltung wechselt: „Treten Sie ein. Wenn Sie Grieche sind, müssen Sie Sinn für Proportionen haben. Ich werde Ihnen etwas zeigen."

Zu meinem großen Erstaunen nimmt er aus seiner Tasche ein mit Zahlen versehenes, in Abschnitte aufgeteiltes Band und sagt mir ohne Vorrede: „Das hier ist eine großartige Sache, welche die Arbeit der Architekten umwälzen wird, junger Mann! Zum ersten Mal verwandle ich Dimensionen in Proportionen, und was für Proportionen! Die des Menschen, für den wir arbeiten."

Verwundert versuche ich zu begreifen. Ich hatte ganz was anderes erwartet — vielleicht, daß er mir einen Palast zeigen würde: oh, dieser bewundernswerte Bau für den Obersten Sowjet. Und er spricht vom MODULOR.

Allmählich beginne ich zu verstehen, daß es sich um ein neues Maßsystem handelt, das er erfunden hat. Die metrische Abstraktion wird durch eine Skala harmonischer Dimensionen ersetzt, die von den Proportionen des Menschen und dem Goldenen Schnitt abgeleitet sind.

Er fährt fort: „Das Gesetz des MODULOR verhindert Unklarheit und dient der Entwicklung von Phantasie und Einfühlungsvermögen. Kurz, es ist eine Humanisierung des Maßes in der Architektur."

Das war mein erster Kontakt mit Le Corbusier und mit dem MODULOR.

Später bat ich ihn um einen Rat: „Ich will drei Monate in Paris bleiben, ehe ich nach Hause zurückkehre, um mit der Arbeit zu beginnen. Sagen Sie mir, was ich tun soll, um diese Zeit am besten zu nutzen."

*Mit seinem durchdringenden Blick gab er mir eine Antwort, die ich nie vergessen habe:
„Sehen Sie diese Tür, öffnen Sie sie, gehen Sie die Treppe hinunter, gehen Sie auf die Straße.
Gegenüber ist ein großes Kaufhaus, ‚Le Bon Marché', links und rechts davon sind Läden.
Gehen Sie zu Fuß, betrachten Sie die Leute, betrachten Sie die Menge, schauen Sie die Häuser
an, alles, was Sie umgibt. Versuchen Sie, das Leben zu verstehen. Wenn Sie Augen haben,
werden Sie ein guter Architekt. Wenn Sie blind sind, dann wechseln Sie — so leid es mir
tut — den Beruf."
Anstatt die Tür zu öffnen, blieb ich fünf Jahre bei ihm.
Während dieser ganzen Zeit, bei der Arbeit an der Unité d'Habitation in Marseille, gewöhnte
ich mich daran, den MODULOR zu benutzen. Das wurde zu einer natürlichen Handhabung,
zu einer geistigen Haltung.
Die fünf Jahre gingen vorüber, ich ging nach Marokko, um dort allein zu arbeiten. Im
MODULOR fand ich Unterstützung, eine Hilfe, daß die Arbeit klar und anständig wurde.
Auf dem Zeichentisch drückten sich die Ideen in gewohnten Spuren, in den richtigen Maßen
aus. Aber Vorsicht, der MODULOR ist weder ein fertiges Rezept noch ein Instrument. Sein
Gesetz muß mit großer Gelassenheit und Umsicht angewandt werden.
Kurz vor seinem Tode sagte Le Corbusier im britischen Fernsehen: „Heutzutage unternehmen
Millionen von Männern, Frauen und Kindern täglich eine sinnlose Fahrt mit dem öffentlichen
Verkehrsmittel oder dem Auto, was eine ungeheure Verschwendung des modernen Lebens
darstellt. Diese Menschen leben, wo sie nicht leben sollten; sie arbeiten, wo sie nicht arbeiten
sollten. Unser gegenwärtiges Problem ist es, zu den Bedingungen der Natur zurückzukehren."
Mit dem MODULOR geben wir unseren Entwürfen die Dimensionen, welche die täglich wie-
derkehrenden und natürlichen Lebensgewohnheiten des Menschen ausdrücken.
Der MODULOR ist ein großes Geschenk, das uns Le Corbusier unter vielen anderen hinterlassen hat.*

Paris, Januar 1978

GEORGES CANDILIS

VORREDE

1. Das Wort „Architektur" umfaßt hier:

die Kunst, Häuser, Paläste und Tempel, Schiffe, Autos, Eisenbahnwagen, Flugzeuge zu bauen;

die Ausstattung der Wohnungen, der Industrie- und Geschäftsbauten;

die Kunst der Typographie von Zeitungen, Zeitschriften und Büchern.

Das Wort „Technik" bezieht sich auf den Bau derjenigen Maschinen, die unmittelbar dem menschlichen Dasein dienen, und auf die diese Maschinen umgebenden Räume. Es umschließt auch den Ersatz der Willkür und der hohen Annäherung durch eine begründete Auswahl bei der Dimensionierung gezogener, gewalzter oder gegossener Teile in der Maschinenfabrikation.

2. Das Leben der Menschen ist nicht enzyklopädisch; es ist persönlich. Enzyklopädisch sein bedeutet, daß man sich gegenüber der Menge und Vielfalt der Tatsachen und Gedanken gefühllos zeigt, daß man sie nur feststellt, anerkennt und einordnet. Es gibt Menschen, die dem Leben gegenüber nicht gefühllos bleiben können, die im Gegenteil seine handelnden Personen sind. In diesem Buch wird nichts anderes erstrebt, als durch genaue Absteckungen den Gang, vielleicht sogar die Spuren des Ganges, einer Untersuchung festzuhalten, die immer wiederkehrend in den Faden eines Lebens geknüpft ist, einer (vielleicht) zu einem greifbaren Resultat erblühten Untersuchung, weil hier eine Person, ein Lebenskreis, eine Umwelt, eine Leidenschaft, Verhältnisse, Umstände, ein Anlaß eine regelrechte Kette bilden konnten, die sich mitten durch den Tumult des Lebens zieht: mitten durch Umstände, Leidenschaften, Widersprüche, Rivalitäten, mitten durch das Verlöschen gewisser Dinge, durch die Morgenröte anderer, durch besondere, sogar revolutionäre Gegebenheiten usw. usw.

Es ist das Gegenteil eines enzyklopädischen Bücherbordes, auf dem kluge und weise Bände nebeneinander gereiht sind.

1. Teil

UMWELT
LEBENSKREIS
UMSTÄNDE
UND
ABLAUF
DER UNTERSUCHUNG

Kapitel 1
Einleitung

MEINUNGEN, Sitten und Gewohnheiten überleben die stärksten Erschütterungen, erregen Unbehagen, bilden Fesseln und verwirren das Spiel nach Herzenslust. Man achtet zu wenig auf derlei Sorgen; eine einfache Ausschaltung zu Beginn des Unbehagens würde die Fesseln lösen und den freien Kräften der Phantasie Spielraum geben. Die *Sitten* sind ehrbare und allmächtige *Gewohnheiten* geworden, und inmitten so vieler ermüdender Widersprüche denkt niemand daran, daß ein klarer Entschluß das Hindernis beseitigen und dem Leben freien Durchbruch schaffen könnte. Ganz einfach dem Leben.

Der Ton ist ein fortlaufendes Geschehen, das ohne Unterbrechung von Tief zu Hoch führt. Die Stimme kann ihn aussetzen und modulieren; auch gewisse Instrumente können dies, zum Beispiel die Geige und die Trompete; andere dagegen vermögen es nicht, denn sie gehören einer schon menschlich organisierten Ordnung von künstlichen Intervallen an: so das Klavier, die Flöte usw. . . . .

Jahrtausende hindurch gebrauchte man die Töne, um zu singen, zu spielen und zu tanzen. Es war die erste Musik, eine mündlich übertragene, mehr nicht.

Aber eines Tages – sechs Jahrhunderte vor Christi Geburt – bemüht sich irgend jemand darum, eines dieser Musikstücke anders als vom Mund zum Ohr übertragbar zu machen, für immer, es also aufzuschreiben. Um dies tun zu können, gab es weder eine Methode noch ein Instrument. Es ging darum, die Töne in bestimmten Zeichen festzulegen, ihnen damit allerdings ihren ununterbrochenen Zusammenhang zu nehmen. Man mußte sie durch faßbare Elemente darstellen, folglich ihre *Stetigkeit* nach einer gewissen Übereinkunft unterbrechen und eine Folge *in Graden* daraus machen. Die Grade mußten die Sprossen einer (künstlichen) Leiter der Töne bilden.

Wie konnte man das zusammenhängende Tonphänomen unterteilen? Wie die Töne nach einer für alle annehmbaren Regel auseinanderschneiden, die vor allem zweckmäßig sein mußte, das heißt der Biegsamkeit und Verschiedenartigkeit, der Stufung und des Reichtums fähig, und trotzdem einfach, lenksam und zugänglich?

15

Pythagoras löste die Aufgabe, indem er zwei Stützpunkte annahm, die imstande waren, Zuverlässigkeit und Verschiedenartigkeit zu vereinen: auf der einen Seite das menschliche Ohr – das menschliche Hörvermögen (und nicht etwa das Hörvermögen der Wölfe, Löwen oder Hunde) ; auf der anderen Seite die Zahlen, das heißt die Mathematik (ihre Verbindungen), die selbst eine Tochter des Alls ist.

So entstand die erste Notenschrift, die fähig war, Lautkompositionen einzufangen und sie durch Zeit und Raum zu übertragen: die dorischen und jonischen Tonarten, welche die Grundlage der späteren gregorianischen Musik und dadurch der Ausübung des christlichen Kultes bei allen Völkern und in allen Sprachen wurden. Abgesehen von einem wenig erfolgreichen Versuch in der Renaissance, wurde diese Verfahrensart bis in das XVIII. Jahrhundert beibehalten. Damals schuf die Familie Bach, und besonders Johann Sebastian selbst, eine neue musikalische Notenschrift: das „Wohltemperierte Klavier", ein neues, vollkommeneres *Werkzeug*, das von da an der musikalischen Komposition einen ungeheuren Auftrieb gab. Seit drei Jahrhunderten wird dieses Werkzeug gebraucht, und es genügt, die feinste Blüte des Geistes auszudrücken: den musikalischen Gedanken – den Johann Sebastians, den Mozarts und Beethovens, den Debussys und den Strawinskys, Saties und Ravels, den der Atonalen der allerletzten Zeit.

Vielleicht aber – und ich wage die Vorhersage – wird das Emporkommen des Maschinenzeitalters ein schärferes Werkzeug erfordern, eines, das imstande ist, Klangordnungen zu erfassen, die bis heute vernachlässigt oder ungehört geblieben, nicht erkannt oder nicht geliebt worden waren ... Dies bleibt jedenfalls: die Zivilisation der weißen Rasse hat sich im Laufe der Jahrtausende im ganzen mit zwei Werkzeugen zur Erfassung des Tones ausgestattet – das fortlaufende Tonphänomen kann durch die Schrift nicht übertragen werden, wenn es nicht vorher untergeteilt und *gemessen* wird.

Damit komme ich zum Gegenstand der hier unternommenen Arbeit; weiß man, daß unsere Kulturen in dem, was die sichtbaren Dinge betrifft, in den *Größen*, die von der Musik erreichte Etappe noch nicht erreicht haben? Alles, was gebaut, geformt, in

Länge, Breite und Umfang eingeteilt wird, hat den Vorteil eines Maßes, das dem der Musik gleichwertig ist – jenem Arbeitswerkzeug im Dienst des musikalischen Gedankens –, nicht genossen.

Ist infolge dieses Mangels ein Verlust für den menschlichen Geist entstanden? Es scheint nicht, da der Parthenon, die indischen Tempel, die gotischen Kathedralen und auch alle Verfeinerungen der neueren menschlichen Errungenschaften, die unerhörten technischen Erfindungen des letzten Jahrhunderts, Marksteine des Fortschritts werden konnten.

Wenn sich ein lineares oder optisches Maßwerkzeug, ähnlich der Notenschrift, darbieten würde, würden dadurch die Dinge des Bauens erleichtert? Gerade diese Frage soll vor dem Leser erörtert werden, indem ihm zunächst die Geschichte einer Untersuchung dieser Fragestellung dargelegt und ihm das Thema selbst erläutert wird; danach soll die Erfindung in die heutige Zeit gestellt und aufgezeigt werden, ob sie darin eine Lücke ausfüllt. Endlich wird zur gemeinsamen Mitwirkung aufgerufen, wobei alle Türen offen bleiben sollen und wobei jeder auf dem gewonnenen Terrain, von der Schwelle dieser offenen Türe aus, eine sicherere oder bedeutungsvollere Spur finden kann. Eine einfache Feststellung wird den Schluß bilden: daß nämlich in einer modernen, mechanisierten Gesellschaft, deren Technik sich von Tag zu Tag vervollkommnet, um neue Hilfsquellen des Wohlstandes zu schaffen, das Auftreten einer Tonleiter sichtbarer Maße zu begrüßen ist, weil dieses neue Werkzeug vor allem die Wirkung haben wird, die Arbeit der Menschen zu verbinden, zu sammeln und in Einklang zu bringen, eine Arbeit, die bis heute uneinig, ja zerrissen ist durch die Tatsache des Vorhandenseins zweier schwer zu versöhnender Systeme: des „Zoll und Fuß"-Systems der Angelsachsen, des metrischen Systems der übrigen Welt.

*

Ehe wir an unsere Aufgabe gehen, ist noch eine Erklärung nötig: wir müssen zeigen, daß das Bedürfnis nach einem neuen optischen Maßstab sich erst in der neuesten

17

Zeit, als die Beförderungsmittel mit hohen Geschwindigkeiten die Beziehungen der Menschen und Völker umzugestalten anfingen, als wirklich dringend erwiesen hat. Es ist hundert Jahre her, daß die erste Lokomotive die mechanischen Geschwindigkeiten einführte und damit den Anstoß gab zur Erschütterung der Sitten, zur Infragestellung offenbarer Tatsachen und Bedürfnisse und infolge davon der Hilfsmittel der bis dahin möglichen Verkehrsschnelligkeit: des *Fußmarsches,* der die Unternehmungen rhythmisierte, die Bedürfnisse vorschrieb, die Mittel bestimmte, die Gebräuche schuf.

Während diese Zeilen geschrieben werden, verwandelt die moderne Flugtechnik die Welt und bereitet einen vollkommenen Umsturz vor (den wir uns nicht bewußt zu machen pflegen). Hier ist nicht der Ort, das Thema weiter zu entwickeln. Aus ihm geht aber folgendes hervor: alles wird *wechselseitig,* alles ist wechselseitig geworden. Die Bedürfnisse verändern sich, sie erobern neue Räume. Die Mittel, sie zu befriedigen, vervielfältigen sich; die Erzeugnisse sprudeln hervor, wandern, reisen und überschwemmen die Welt. Es erhebt sich die Frage: können die Maße, welche die Gegenstände herzustellen helfen, örtlich verschieden bleiben? Gerade das ist die eigentliche Frage.

Als die römische Welt dabei war, ungeheure Gebiete zu besetzen, verfügte Rom über eine einzige Sprache und bediente sich ihrer, um zu herrschen.

Als die werdende Kirche sich der bekannten Welt bemächtigte und daran ging, von Jahrhundert zu Jahrhundert Länder, Meere und Kontinente zu erobern, verfügte sie über ein einziges Werkzeug der Gedankenvermittlung: das Latein. Als Europa mit Feuer und Schwert nach einer neuen Grundlage suchte, um das dunkle Zeitalter zu überwinden, war das Latein das Transportmittel des zentralen Gedankens.

· ·

Es bleibt noch folgendes zu erklären: der Parthenon, die indischen Tempel, die gotischen Kathedralen wurden nach genauen Maßen gebaut, die einen Kodex, ein zusammenhängendes System bildeten, ja sogar eine wesentliche Einheit bewiesen. Noch mehr: der Wilde aller Zeiten und Länder, der Träger hoher Kulturen, der Ägypter, der Chaldäer, der Grieche usw. haben gebaut und infolgedessen auch gemessen. Über welches Werkzeug verfügten sie? Über ewige und stets verfügbare, über kostbare Werkzeuge, weil sie an die menschliche Person geknüpft waren. Diese Werkzeuge besaßen Namen: Elle, Finger, Daumen, Fuß, Spanne, Schritt usw. Wir wollen uns unmittelbar an die Tatsache halten: diese Maße waren wesentliche Teile des menschlichen Körpers und daher von vornherein geeignet, als Maßhilfsmittel für die zu erbauenden Hütten, Häuser und Tempel zu dienen.

Aber noch mehr: sie waren unendlich reich und scharf, weil sie teil hatten an der Mathematik, die den menschlichen Körper bestimmt – einer anmutigen, eleganten und sicheren Mathematik, der Quelle der uns ergreifenden Eigenschaft der Harmonie: der Schönheit – (die, wohlverstanden, von einem menschlichen Auge erfaßt wird, nach menschlichen Begriffen, wohlverstanden. In Wirklichkeit könnte und dürfte es kein anderes Kriterium für uns geben).

Elle, Schritt, Spanne, Fuß und Daumen (Zoll) waren und sind also sowohl das vorgeschichtliche wie das moderne Werkzeug des Menschen.

Der Parthenon, die indischen Tempel und die gotischen Kathedralen, die Hütten und Häuser wurden an bestimmten Orten gebaut; in Griechenland oder Asien usw., als bodenständige Gebilde, die *nicht wanderten und nicht zu wandern brauchten*. Daher bestand kein Grund, eine Vereinheitlichung der Maße zu fordern. Da der Wikinger größer war als der Phönizier, hatten der nordische Zoll und Fuß keinen Anlaß, sich der Größe der Phönizier anzupassen und umgekehrt.

. . . .Eines Tages jedoch kam die Reihe an den weltlichen Gedanken, die Welt zu erobern. Die Französische Revolution führte zutiefst menschliche Rechte ins Feld. Ein Sprung nach vorwärts wurde versucht, eine Befreiung – wenigstens ihre Verheißung –,

Türen ins Morgen wurden aufgestoßen. Die Wissenschaft, das Rechnen beschritten neue, unbegrenzte Wege.

Ermißt man genügend, was in der Rechenkunst eines Tages die Erfindung der *Null*, des Schlüssels der Dezimalrechnung, bedeutete? Ohne die Null der Dezimalen kann man praktisch nicht rechnen. Die Französische Revolution warf Zoll und Fuß und ihre verwickelten und langsamen Rechnungen auf den Müllhaufen. Da sie Zoll und Fuß verwarf, mußte sie eine andere Maßeinheit finden. Die Gelehrten des Nationalkonvents einigten sich auf ein so unpersönliches und fühlloses konkretes Maß, daß es eine Abstraktion wurde – eine symbolische Wesenheit: den Meter, den *vierzigmillionsten Teil des Erdmeridians*. Der Meter wurde von einer Gesellschaft angenommen, die durch und durch neu war. Ein und ein halbes Jahrhundert später, in einer Zeit, da die Fabrikprodukte wandern, sieht man die Welt in zwei Teile geteilt: in die Verfechter des Fuß-Zolls und in die des Meters. Der eng an die menschliche Gestalt geknüpfte *Fuß-Zoll*, der jedoch eine entsetzlich komplizierte Handhabung erfordert; der gegenüber dem menschlichen Wuchs gleichgültige Meter, der in halbe Meter, Viertelmeter, Dezimeter, Zentimeter, Millimeter eingeteilt ist, alle ebenso gleichgültig der menschlichen Gestalt gegenüber, weil es keinen Menschen gibt, der ein oder zwei Meter groß ist.

Für den Bau von Hütten, Häusern und Tempeln, zu menschlichen Zwecken, scheint der Meter seltsame und fremde Maße eingeführt zu haben, die, wenn man sie genau betrachtet, sehr wohl beschuldigt werden könnten, die Architektur verrenkt und verdorben zu haben. Verrenkt ist ein recht gutes Wort: verrenkt in bezug auf ihre Aufgabe, die, *Menschen zu bergen*. Die Architektur der *„Metriker“* ist vielleicht entgleist. Die Architektur der Zoll-Fuß-Anhänger scheint das Jahrhundert so vieler Abstürze mit einer gewissen Sicherheit und verführerischen Beständigkeit durchschritten zu haben.

Das ist die kurze Einleitung, welche den Umfang unserer Untersuchung angibt. Man beginnt zu verstehen, womit sich die folgenden Kapitel beschäftigen werden. Das erste Kapitel wird einen rechtschaffenen, ungeschminkten, jeden Überschwang meidenden Geschichtsabriß liefern, der zeigt, wie Erfindungen oftmals entstehen, wie Entdeckungen zuweilen auftauchen.

Wenn es sich darum handelt, Gegenstände des häuslichen, industriellen oder Handelsgebrauchs herzustellen, die nach allen Orten der Welt verschickt und überall gekauft werden können, fehlt es der modernen Gesellschaft an der gemeinsamen Maßeinheit, die imstande ist, Umfang- und Inhaltdimensionen zu ordnen, und damit imstande, Angebot und Nachfrage zu schaffen und sicher zu lenken. Hier setzt unsere Bemühung ein. Ihr Daseinsgrund ist: Ordnung zu schaffen.

Wenn überdies die Harmonie unsere Bemühung krönte? ...

Kapitel 2
Chronologie

Es ist notwendig, daß eine Entdeckung sich des Kopfes, des Auges, der Hand eines Menschen bedient: der günstigen Bedingungen seiner Umgebung und seines Milieus und aller Umstände, welche die glückliche Durchführung und den glücklichen Abschluß seines Suchens erlauben. Die Verwendung eines neuen Maßes vorzuschlagen, das eines Tages den Meter oder den Fuß-Zoll ersetzen soll, scheint ein übertriebener Anspruch zu sein. Man würde ihn eher zulassen, wenn er die Empfehlung eines Konzils oder eines Kongresses nach Abschluß seiner Arbeiten wäre. Die Idee kam einem gewöhnlichen Manne, der nicht einmal berufsmäßiger Forscher ist, der aber aus einem besonderen Milieu hervorging und das Glück günstiger Verhältnisse genoß oder sich diese gelegentlich auch verschaffte. Der Mann, von dem hier gesprochen wird, ist Architekt und Maler, er übt seit fünfundvierzig Jahren eine Kunst aus, *in der alles Maß ist.*

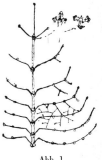

Von 1900 bis 1907 studiert er unter der Führung eines ausgezeichneten Lehrers die Natur; fern von der Stadt, in der Landschaft des Hohen Jura, beobachtet er die Erscheinungen. Die Mode gehört der Erneuerung der Schmuckformen durch das unmittelbare Studium der Pflanzen, der Tiere, der Himmelserscheinungen. Die Natur bedeutet Ordnung und Gesetz, unbegrenzte Einheit und Mannigfaltigkeit, Feinheit, Kraft und Harmonie – eine trächtige Lehre zwischen fünfzehn und zwanzig Jahren!

Mit neunzehn Jahren reist er nach Italien, um Kunstwerke zu sehen, persönliche, phantastische, leidenschaftliche. Paris schenkt ihm darauf die Lehre des Mittelalters, eines strengen und

Abb. 1

kühnen Systems, und die Ordnung des Großen Jahrhunderts, die Weltläufigkeit und Geselligkeit bedeutet.

Anmerkung zu Abb. 1. Diese vor fünfundvierzig Jahren im Wald entstandene Zeichnung muß vom Leser richtiggestellt werden: es versteht sich von selbst, daß die Zwischenräume auf der Senkrechten nach unten nicht kleiner werden dürfen; die beschränkte Ausdehnung des Papierblattes war schuld an diesen Verkürzungen.

Mit dreiundzwanzig Jahren zeichnet unser Mann auf seinem Reißbrett die Ansicht eines Hauses, das er bauen will. Da stellt sich eine beängstigende Frage: *„Was ist das für eine Regel*, die alles ordnet, alles verbindet? Ich stehe vor einem Problem geometrischer Natur; ich erlebe ein Ereignis der Sichtbarwerdung; ich wohne der Geburt eines selbständigen Wesens bei. An der Pranke erkennt man den Löwen! Wo ist die Pranke, wo ist der Löwe?" . . . Große Unruhe, große Verwirrung, große Leere.

Er erinnert sich dann, daß er auf Entdeckungsfahrten ein modernes Haus in Bremen besuchte und daß der Gärtner ihm erklärte: „Wissen Sie, das ist kompliziert, alle möglichen Tricks sind darin, Kurven, Winkel, Berechnungen; es ist eine sehr gelehrte An-

Abb. 2

gelegenheit." Das Haus war von einem gewissen Thorn-Prikker, einem Holländer, (um 1909) gebaut.

Eines Tages lagen unter der Petroleumlampe seines Pariser Zimmerchens illustrierte Postkarten auf dem Tisch. Sein Blick fiel auf die Abbildung von Michelangelos Kapitol in Rom. Seine Hand drehte eine andere Karte um, die weiße Seite nach oben, und legte unwillkürlich eine ihrer Ecken (einen rechten Winkel) auf die Fassade des *Kapitols*. Plötzlich überkam ihn die Gewißheit einer Wahrheit: der rechte Winkel waltet über der Komposition; geometrische

Orte (Orte des rechten Winkels) beherrschen die ganze Komposition. Dies wird ihm zu einer Offenbarung, zu einer Gewißheit. Derselbe Nachweis gelingt ihm bei einem Gemälde Cézannes. Unser Mann aber traut seinem Wahrspruch nicht und sagt sich: die Komposition von Kunstwerken wird von Regeln geordnet; diese Regeln können scharfe, feine, bewußte Methoden sein; sie können auch banal angewandte Schablonen sein. Sie können auch an den schöpferischen Instinkt des Künstlers *gebunden,* Kundgebungen einer harmonischen Intuition sein, wofür Cézanne ein so gut wie sicheres Beispiel ist. Michelangelo hatte eine andere Natur und die Neigung zu absichtlichen und vorbedachten, gelehrten Liniennetzen . . .

Ein Buch brachte Gewißheit: die Seiten Auguste Choisys in seiner Geschichte der Architektur, die den *regulierenden Liniennetzen* gewidmet sind. Es gab also regulierende Liniennetze, um Kompositionen überlegt zu gestalten?

Im Jahre 1918 beginnt unser Mann, sehr ernsthaft ausgeführte Bilder zu malen. Die beiden ersten werden auf gut Glück komponiert. Das dritte vom Jahre 1919 sucht die Fläche vorbedacht zu ordnen. Das Ergebnis ist beinahe gut. Aber nun kommt das vierte Bild, es wiederholt das dritte, berichtigt es aber, bereichert es und stimmt es ab, baut es nach einem kategorischen Plan auf. Das Ergebnis ist unangreifbar. Auch die Bilder der folgenden langen Reihe (1920) sind so (Ausstellung Galerie Druet 1921): sie werden von einer starken Geometrie getragen. Zwei mathematische Hilfsmittel werden dazu benützt: *der Ort des rechten Winkels und der Goldene Schnitt* (A).

Im Laufe dieser Jahre entstand eine große, blühende Entwicklung aus dieser mathematischen Gärung. Die Zeitschrift „L'Esprit Nouveau" wurde geschaffen; unser Mann leitet und redigiert sie zusammen mit andern. Folgen von Artikeln fließen aus seiner Feder, *theoretischen* Artikeln, denn nach dem Ausgang des großen Krieges scheint es notwendig, sich wieder auf die Grundlagen zu besinnen. Dies war recht eigentlich das Werk des „Esprit Nouveau".

Im Jahre 1922 hatte unser Mann die Architektur seit sechs Jahren verlassen; er beginnt wieder zu bauen, jedoch erst, nachdem er im „Esprit Nouveau" seit 1920 entscheidende theoretische Grundlagen zu dieser Wiederaufnahme der Tätigkeit gelegt hatte. Seine ersten Häuser zeigen eine neue Auffassung der Architektur als des Ausdrucks des Geistes einer Zeit. Regulierende Liniennetze klären die Fassaden (nur die Fassaden). Die Forschung ist verwickelt und symphonisch: Maßgrundlagen des Städtebaues („Eine zeitgenössische Stadt von drei Millionen Einwohnern", 1922) ; Bestimmung der Zelleneinheit (Wohnungsinhalt), des Verkehrsnetzes; in Wirklichkeit umfaßt sie alle grundsätzlichen architektonischen Organisationsfragen, die schon ein erstes Mal fünfzehn Jahre früher, in der Kartause von Ema in Toskanien empfunden wurden (Persönliche Freiheit und Kollektivorganisation, 1907).

Auf seinen Reisen hatte er in harmonischen Bauten, mochten sie volkstümlich oder von hohem geistigem Niveau sein, die Beständigkeit einer Höhe von ungefähr 2,10 bis 2,20 m (7 bis 8 Fuß) zwischen Fußboden und Decke festgestellt: in Häusern des Balkans, türkischen, griechischen, Tiroler, bayrischen, schweizerischen Häusern, in alten Holzhäusern der französischen Gotik, und auch in den „kleinen Appartements" des Faubourg Saint-Germain, sogar des Petit Trianon – Ludwig XV., Ludwig XVI.; dazu kam die Tradition der Pariser Läden, von Ludwig XV. bis zur Restauration, mit ihrem Zwischenboden, der jene Höhe von 2,20 m verdoppelte. Es ist die *Höhe eines Mannes mit erhobenem Arm* (B), eine Höhe recht eigentlich im menschlichen Maßstab.

Er konnte sich nicht versagen, diese schmackhafte Höhe in seine Bauten einzuführen, um sich allerdings damit in Widerspruch zu den Bauvorschriften zu bringen. Eines Tages erklärte ihm ein Baubeamter einer bedeutenden Pariser Gemeinde: „Wir ermächtigen Sie, die Bausatzung gelegentlich nicht einzuhalten, denn wir wissen, daß Sie für das menschliche Wohl arbeiten."

Der „Esprit Nouveau" führte den Untertitel *„Internationale Zeitschrift für das zeitgenössische Geschehen".* Gelegentlich wurde darin die gegenseitige Abhängigkeit der Erscheinungen besprochen, gemessen und abgeschätzt und festgestellt, daß in unserer Zeit alles aus den Fugen gekommen ist. In ein Unternehmen, das in Wirklichkeit der Entwicklung einer zeitgenössischen Ästhetik gewidmet war, hatte sich der wirtschaftliche Faktor eingeschlichen. Eines Tages hatte ein Artikel mit dem Titel „Serienbau" Aufsehen erregt. Er behandelte das Wohnhaus, das als „Wohnmaschine" bezeichnet worden war. Serie, Maschine, Ertragsfähigkeit, Gestehungspreis, Schnelligkeit, alle diese Begriffe erinnerten an das Vorhandensein und die Strenge eines Systems von Maßen (1921) (C)[1].

Der „Esprit Nouveau" hatte sich zum Ausleger des *Kubismus* gemacht, ein Wort, das einen der schöpferischsten und revolutionärsten Augenblicke der Geistesgeschichte bezeichnet. Es handelt sich dabei nicht um eine technischen Erfindung, die Gesellschaft und Wirtschaft umstürzt. Es handelt sich um eine Befreiung und um eine neue Blüte des Denkens. Es handelt sich um einen *Anfang:* die Zeit wird kommen . . . die Stunde einer umstürzenden bildnerischen Erneuerung. Diese Erneuerung zog in diesem Augenblick in die Architektur ein (D).

Unser Mann war Autodidakt. Er hatte den offiziellen Unterricht geflohen. So war es gekommen, daß er die kanonischen Regeln, die von der Akademie kodifizierten und diktierten Grundsätze nicht kannte. Er war dem akademischen Geist entronnen, hatte den Kopf frei und die Nase im Wind. Als Kubist neigt er zur plastischen Erscheinung, er überlegt *„optisch".* Er kommt aus einer Musikerfamilie, aber er kennt nicht einmal die Noten; trotzdem ist er ein leidenschaftlicher Musiker, er weiß sehr gut, was Musik ist, und ist imstande, über Musik zu sprechen und über sie zu urteilen. Die Musik ist *Zeit und Raum* wie die Architektur. Musik und Architektur hängen vom Maß ab.

Als viele Jahre nach seinem Artikel im „Esprit Nouveau" über die „regulierenden Liniennetze" (1921) die Bücher von Matila Ghyka über die Proportionen in der Natur und in der Kunst und über den Goldenen Schnitt erscheinen, war er nicht vorbereitet, ihren mathematischen Darlegungen (den algebraischen Formeln) folgen zu können; dagegen waren ihm die Abbildungen, die in Wirklichkeit den eigentlichen Gegenstand bilden, ohne weiteres zugänglich.

Eines Tages machte ihn Professor Andreas Speiser von der Universität in Zürich

---

[1] Solche Liebhabereien erregten Skandal; bei meiner ersten Reise nach den Vereinigten Staaten, 1935, machte mir die Presse deswegen einstimmig Vorwürfe . . . (die USA dachten: das ist Gotteslästerung . . .). Heute, 1949: Serie, Maschine, Ertragsfähigkeit, Preis und Schnelligkeit . . .!

(heute in Basel), der sich sehr bedeutenden Untersuchungen über die *Gruppen* und *Zahlen* widmete, mit einer Studie über die ägyptischen Ornamente, über Bach und Beethoven bekannt, in der alle Darlegungen und Beweise algebraisch behandelt waren. – „Einverstanden", antwortete er dem Professor, „die Natur ist mathematisch, die Meisterwerke der Kunst sind im Einklang mit der Natur; sie drücken die Naturgesetze aus und bedienen sich ihrer. Folglich ist das Kunstwerk mathematisch, und der Wissenschaftler kann das strengste Urteil anlegen und unfehlbare Formeln anwenden. Der Künstler aber ist ein außergewöhnlich, unendlich empfind-

liches Medium; er erfühlt und erkennt die Natur und übersetzt sie in seine eigenen Schöpfungen. Er erleidet ihr Verhängnis und bringt es zum Ausdruck. Ihre mathematische Studie hat sich zum Beispiel des ägyptischen Ornaments bemächtigt, um dessen blendende Komposition aufzuzeigen. Wenn Sie mich als bildenden Künstler beauftragten, ein Ornament in ein derartiges Band einzuzeichnen, *fände* ich diesen ornamentalen Entwurf auf meinem Weg, denn er gehört zu den ornamentalen Zwangsläufigkeiten; er gehört zu einer sehr kurzen Reihe von Lösungsmöglichkeiten, deren Schlüssel die Geometrie selbst ist; er wird vom Geist der Geometrie bedingt, der im Menschen ist und der geradezu das Gesetz der Natur ist."

Seine Neigung zu diesen Dingen sollte unserem Architekten gegen 1933 eine gänzlich unerwartete Ehrung eintragen: bei den Feierlichkeiten zur Sechshundertjahrfeier der Universität Zürich erhielt er den Grad eines Doctor Honoris Causa der mathematischen Philosophie in An-

Abb. 3

erkennung seiner Untersuchungen über die Gestaltung der Formen und des Raums. Eine Auszeichnung, die unverhofft kam, aber trotzdem . . . ! 1945, nach den Jahren der Unterdrückung, konnte er in einer Studie „Der unsagbare Raum" das, was ihm am Herzen lag, so formulieren:

„Die erste Bewegung der Lebenden, der Menschen und Tiere, Pflanzen und Wolken, ist, den Raum in Besitz zu nehmen, es ist die ursprünglichste Offenbarung von Gleichgewicht und Dauer. Der erste Daseinsbeweis ist die Besitzergreifung des Raumes."

„Die Blume, die Pflanze, der Baum, der Berg stehen aufrecht und leben in einem Milieu. Wenn sie eines Tages durch eine zutiefst beruhigende, überlegene Haltung die Aufmerksamkeit auf sich lenken, so deshalb, weil sie in ihrer Körperlichkeit abgetrennt erscheinen, aber ringsumher Widerhall erregen. Wir bleiben stehen, betroffen von so viel natürlichem Zusammenhalt; wir schauen, gerührt von so viel Übereinstimmung, die einen so weiten Raum orchestriert, und wir erkennen dann, daß das, was wir anschauen, Strahlen aussendet."

„Architektur, Skulptur und Malerei sind in erster Linie abhängig vom Raum, sind an die Notwendigkeit gebunden, den Raum zu gestalten, jede durch ihre eigenen Mittel. Als Wesentliches ist hier zu sagen, daß der Schlüssel zur ästhetischen Anteilnahme eine Raumfunktion ist."

„*Wirkung des Werkes* (Bau, Statue oder Gemälde) auf die Umgebung: Wellen, Rufe, Schreie (der Parthenon auf der Akropolis von Athen), Pfeile, die wie in einer Strahlung hervorschnellen, wie von einer Explosion ausgelöst sind; Nähe und Ferne werden davon getroffen, geschüttelt, beherrscht und geliebkost. Reaktion des Milieus: die Wände des Zimmers, seine Ausmaße, der Platz mit dem unterschiedlichen Gewicht seiner Fassaden, die Weiten und Hänge der Landschaft bis hin zu den nackten Horizonten der Ebene oder zu den gekrümmten der Berge, die ganze Umgebung erhöht die Bedeutung des Ortes, wo sich ein Kunstwerk, das Zeichen eines Menschenwillens, befindet, zwingt ihm ihre Tiefen oder Höhen auf, ihre harten oder zarten Dichtigkeiten, ihre Gewaltsamkeit oder ihre Sanftmut. Ein Phänomen der Übereinstimmung bietet sich dar, so genau wie Mathematik – eine wahrhafte Offenbarung bildnerischer Akustik; und so wird es erlaubt sein, sich auf die subtilsten Arten von Phänomenen, auf den Träger der Freude (die Musik) oder den der Bedrückung (den Lärm) zu berufen."

„Ohne die geringste Anmaßung bekenne ich mich zu der „*Verherrlichung*" des Raumes, zu der Künstler meiner Generation in dem so wunderbar schöpferischen Aufschwung des Kubismus gegen 1910 gekommen waren. Sie haben von einer *vierten Dimension* gesprochen, ob mit mehr oder weniger Einsicht und Scharfsinn macht wenig aus. Ein Leben, das der Kunst und ganz besonders dem Suchen nach einer Harmonie gewidmet ist, erlaubt mir durch die Ausbildung dreier Künste: Architektur, Skulptur und Malerei, meinerseits dem Phänomen nachzugehen."

„Die vierte Dimension scheint der Augenblick unbegrenzten Entweichens zu sein, das durch einen ausnahmsweise günstigen Zusammenklang der eingesetzten künstlerischen Mittel hervorgerufen, durch diese ausgelöst wird."

„Dies ist nicht das Ergebnis des gewählten Themas, sondern ein Sieg der Proportionierung in allem – in der sinnlichen Erscheinung des Werkes ebenso wie in den wirkenden Absichten, mögen sie bewußt oder unbewußt, verstanden oder unverständlich sein; sie sind gleichwohl vorhanden und der Eingebung verpflichtet, diesem Wunder, das die erworbenen, einverleibten, sogar vergessenen Weisheiten zersetzt. Denn in einem zu Ende geführten und gelungenen Werk sind viele Absichten vergraben, eine ganze Welt, die sich dem enthüllt, der das Recht darauf hat, was besagen will: der es verdient."

„Dann öffnet sich eine Tiefe ohne Grenzen, reißt die Wände ein, verjagt das zufällig Anwesende, *vollbringt das Wunder des unsagbaren Raums.*"

„Ich kenne das Wunder des Glaubens nicht, aber oft erlebe ich das des unsagbaren Raums, der Krönung der künstlerischen Erregung."

Während der schöpferischen Jahre zwischen 1925 und 1933, der Zeit vor den Kriegskrisen, in der man in Frankreich baute, hatten ihn Geschmack, Bedürfnis und die Notwendigkeit, im Maßstab des Menschen zu planen, dazu geführt, an die Wand seines Ateliers eine metrische Skala von vier Meter Höhe zu zeichnen, um sich selbst mit ihr zu vergleichen, ihr seine eigene Gestalt entgegenzustellen, quer durch sie ein Spiel echter Maße einzuschreiben, Maße des Lehnens, Sitzens, Gehens usw. . . . Dieser Versuch erwies, daß der Meter nur eine Ziffer ist, die zum Glück dem Dezimalsystem angehört, eine abstrakte Ziffer, unfähig, in der Architektur ein Intervall (ein Maß) darzustellen. Der sogar ein gefährliches Werkzeug ist, wenn man, indem man von seiner abstrakten numerischen Gegebenheit ausgeht, sich aus Unachtsamkeit oder Trägheit verleiten läßt, ihm in bequemen Maßen Gestalt zu geben! Der Meter, der halbe Meter, der Viertelsmeter, der Dezimeter usw. . . .; eine Entwicklung, die sich im Laufe des Jahrhunderts nach und nach durchsetzte und die Architektur erschlaffte.

So sehr, daß sich unser Mann in einer gewissen Stunde seines Lebens der *„Normung AFNOR"* gegenüber sah, aus welchem Zusammenstoß ein paar Jahre später der vorliegende Essai hervorgehen sollte.

Die AFNOR war während der Besetzung entstanden; sie sollte den Wiederaufbau des Landes vorbereiten helfen; Industrielle, Ingenieure und Architekten hatten sich um die so notwendige Aufgabe der Normung in den Dingen des Bauens (im besonderen) geschart. Unser Mann wurde nicht eingeladen, sich mit an den Tisch zu setzen, obwohl er zwanzig Jahre früher beschuldigt worden war, folgendes geschrieben zu haben:

„Man muß die Herstellung des Standards erstreben, um dem Problem der Vervollkommnung gewachsen zu sein.

Der Parthenon ist ein Ergebnis der Auswahl, angewandt auf einen Standard.

Die Architektur ist wirksam durch Standards.

Die Standards sind Ergebnisse der Logik, der Analyse, des gewissenhaften Studiums; sie entstehen aus einem richtig gestellten Problem heraus. Das Ausprobieren bestimmt am Ende den Standard."

(„AUGEN, DIE NICHT SEHEN", L'Esprit Nouveau 1920, und: „ZU EINER ARCHITEKTUR", 1923.)

. . . .

„Die Großindustrie soll sich mit dem Bauen beschäftigen und die Hauselemente in Serien herstellen.

Man muß die Geisteseinstellung der Serie schaffen:

die Geisteseinstellung, Häuser in Serien zu bauen,

die Geisteseinstellung, in Serienhäusern zu wohnen,

die Geisteseinstellung, Serienhäuser zu begreifen und zu entwerfen."

(„SERIENHÄUSER", L'Esprit Nouveau 1921)

.   .   .   .

Und um dies durchzuführen: *normen.*

Soviel Vorschläge, soviel Verdikte!

Am Tag, als die ersten genormten Serien der A F N O R veröffentlicht wurden, entschloß sich unser Mann, seine Anschauungen über ein harmonisches Maß im menschlichen Maßstab, das in Architektur und Technik allgemein anwendbar ist, genauer darzustellen.

*

Die Abbildungen A, B, C, D, E stellen seit 1918 auf regulierenden Linien aufgebaute Werke der Malerei und Architektur dar. „Ort des rechten Winkels", Goldener Schnitt, logarithmische Spirale, Fünfeck ... Geometrische Gruppen, von denen jede eine besondere Art des Gleichgewichtes bringt. Daraus entstehen charakteristische Merkmale. Die regulierenden Linien werden im allgemeinen nicht im voraus erdacht; sie werden so oder so gewählt, je nach dem Bedürfnis der schon einigermaßen geformten, recht und schlecht geborenen Komposition. Soweit es sich um das geometrische Gleichgewicht handelt, schafft das Liniennetz nur Ordnung und Klarheit, begünstigt und fordert eine wirkliche Reinigung. Das regulierende Liniennetz bringt keine poetischen oder lyrischen Gedanken; es beeinflußt in keiner Weise das Thema; es ist nicht schöpferisch, es schafft nur Gleichgewicht. Ein rein bildnerisches Problem.

Abb. 4   A   B   C

Dies sind Fassaden von Wohnhäusern und Gebäuden, die in den damaligen Jahren gezeichnet wurden – kleine Wohnhäuser, öffentliche Bauwerke, Gebäudegruppen:

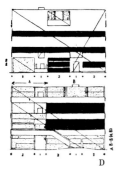 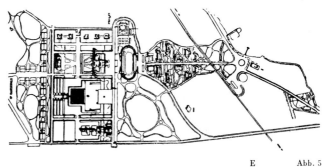

D   E   Abb. 5

Gemälde und Architekturen zeigen den Goldenen Schnitt, den „Ort des rechten Winkels", die Höhe von 2,20 m (der Mann mit erhobenem Arm).

*

35

Es kommt die Besetzung von Paris, Frankreich wird durch die Demarkationslinie entzweigeschnitten. Mein Atelier ist seit dem 11. Juni 1940 geschlossen. Vier Jahre hindurch wird mir keine Arbeit des Wiederaufbaus übertragen, was mich zu einer intensiven Tätigkeit auf dem Gebiet des theoretischen Suchens anreizte, besonders durch die Hilfe einer 1942 zu diesem Zweck gegründeten Vereinigung, der ASCORAL, von deren 11 Sektionen und Halbsektionen sich jede zweimal im Monat in einem vor der Neugierde geschützten Winkel versammelte. Der Stoff zu einem Dutzend Büchern wurde vorbereitet. Die Sektion III: *„Eine Wissenschaft des Wohnens"* umfaßte drei Untersektionen:

a) Wohnungseinrichtung,

b) Normung und Fertigung,

c) Industrielle Herstellung[1].

Einer meiner jungen Mitarbeiter, Hanning, war im Begriff, auf die andere Seite der Demarkationslinie, nach Savoyen, auszurücken. „Geben Sie mir eine Aufgabe, mit der ich meine leeren Stunden ausfülle!" Der Junge arbeitete seit 1938 bei mir und kannte Art und Sinn der seit so langem geführten Untersuchungen über die Proportionierung. „Ja, folgende", gab ich ihm zur Antwort, „die AFNOR schlägt vor, die Bauelemente zu normen; die Methode ist primitiv, eine einfache Rechenaufgabe, ein bloßer Durchschnitt zwischen den Verfahrensweisen und Werkzeugen der Architekten, Ingenieure, Industriellen. Sie scheint mir willkürlich und armselig. Die Bäume, zum Beispiel, mit ihrem Stamm, ihren Zweigen, ihren Blättern, ihrem Geäder, bestätigen mir, daß die Gesetze des Wachstums und der Mannigfaltigkeit reicher und feiner

---

[1] Folgende Bücher erschienen oder werden erscheinen: **„Auf den 4 Straßen"**, N. R. F. 1941; die „Charta von Athen", Plon 1942; **„Das Haus der Menschen"**, Plon 1942; „Gespräch mit den Studenten", Denoel 1942; „Eine Betrachtungsweise des Städtebaus" (Ascoral 1943–46), Verlag: Die Architektur von Heute; „Die drei menschlichen Voraussetzungen, Denoel 1943–46; „Gedanken über Städtebau" (1945), Bourrelier 1946. Einige dieser Werke wurden ins Englische, Spanische, Italienische, Dänische usw. übersetzt.

sein können und müssen. In diese Dinge sollte ein mathematischer Zusammenhang gebracht werden. Ich träume davon, auf den Werkplätzen, die sich später über das Land erstrecken werden, ein ‚Gitter der Verhältnisse‘ aus geschweißten Stahlbändern aufzustellen, das an die Wand gehängt oder gelehnt wird und die Richtschnur des Werkplatzes bilden wird, den Maßstab, der zu der unbegrenzten Reihe der Kombinationen Proportionierungen führt; Maurer, Zimmermann und Schreiner werden bei ihm laufend die Maße zu ihren Arbeiten holen, und alle diese vielfachen, unterschiedlichen Arbeiten werden Zeugen der Harmonie sein. Davon träume ich.“

„Nehmen Sie den Mann mit dem erhobenen Arm, 2,20 m hoch, stellen Sie ihn in zwei übereinander angeordnete Quadrate von 1,10 m; lassen Sie auf den beiden Quadraten ein drittes Quadrat reiten, das Ihnen eine Lösung bringen muß. Der *Ort des rechten Winkels* wird Ihnen helfen, die Lage dieses dritten Quadrates zu finden.“

„Ich bin überzeugt, daß Sie mit diesem Werkstattgitter, das durch den in seinem Innern aufgestellten Menschen reguliert ist, zu einer Reihe von Maßen gelangen werden, die die menschliche Gestalt (mit erhobenem Arm) und die Mathematik in Einklang bringen . . .“

Dies waren meine Anweisungen an Hanning.

Am 25. August 1943 kam ein erster Vorschlag:

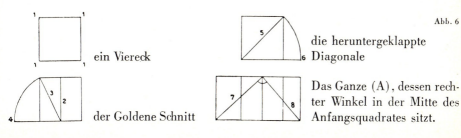

Abb. 6

ein Viereck

der Goldene Schnitt

die heruntergeklappte Diagonale

Das Ganze (A), dessen rechter Winkel in der Mitte des Anfangssquadrates sitzt.

Auch die Ascoral Sektion III B war tätig, besonders Fräulein Elisa Maillard[1]. Am 26. Dezember 1943 machte ihr neuer Riß, der die Zeichnung A richtigstellte, folgenden Vorschlag:

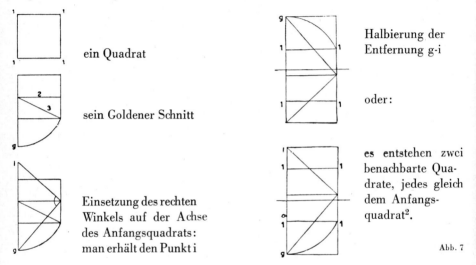

ein Quadrat

sein Goldener Schnitt

Einsetzung des rechten Winkels auf der Achse des Anfangsquadrats: man erhält den Punkt i

Halbierung der Entfernung g-i

oder:

es entstehen zwei benachbarte Quadrate, jedes gleich dem Anfangsquadrat[2].

Abb. 7

Entlang der Geraden g-i erscheinen bezeichnende Maße, deren Beziehungen unendlich reich sind, die uns aber noch kein System zu ergeben scheinen.

In Abb. 8 kann man lesen:

$$abcd = \text{Ausgangsquadrat};$$
$$ef = \text{Mittellinie};$$

---

[1] Sie gehörte dem Musée de Cluny an und ist die Verfasserin einer ausgezeichneten Arbeit über die regulierenden Liniennetze: „Von der goldenen Zahl", Verlag André Tournon & Co.

[2] Am Schluß des Buches wird man den Vorbehalt lesen, der über die absolute Gleichheit der in Frage stehenden Quadrate zu machen ist.

in f legt man den rechten Winkel an, der sich auf g stützt;

i = Schnittpunkt mit der verlängerten gb;

bdij = zwei Rechtecke, in denen bi und dj im ϕ-Verhältnis zu iq und qj stehen;

die waagrechte Mittellinie von ghij = kl;

die Symmetrische zu kl = mn;

klmn, durch die vertikale Mittellinie in zwei Teile geteilt, liefert: komp und olnp, deren Diagonale und deren Hälfte im ϕ-Verhältnis zueinander stehen.

Auf gi sieht man, daß sich m im ϕ-Punkt befindet;

m = ϕ von abcd (Ausgangsquadrat);

k = ϕ von dcab;

k = Mittellinie von ghij.

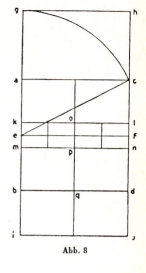

Abb. 8

Auf gi beobachtet man eine wachsende Reihe von fünf Elementen:

km;

ka = mb = bi;

ga = am = kb;

gk = ki;

gb.

Wenn gk = ki ist, sind gklh und klji zwei aneinanderstoßende und gleiche Quadrate. Sie sind gleich dem Ausgangsquadrat abcd.

Es wurde also das gestellte Problem gelöst: in zwei aneinanderstoßende Quadrate, die einen Menschen mit erhobenem Arm enthalten, ein drittes Quadrat im „Ort des rechten Winkels" einzutragen.

Diese
Zeichnung
kann

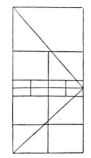

Abb. 9

umgedreht
und das
Resultat

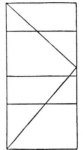

so
gezeichnet
werden

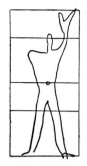

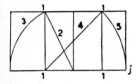

Wir haben also zwei scheinbar gleiche Liniennetze vor uns, aber ihre geistige Haltung ist verschieden: das Liniennetz Hanning durch die Wirkung zweier Diagonalen des Ausgangsquadrates;

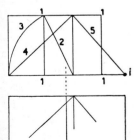

das Liniennetz Maillard durch die ϕ-Beziehung (die von der ersten Diagonale ausgeht und zur Einsetzung des rechten Winkels führt, der den Punkt i ergibt).

Der Punkt i begründet die Gegenwart zweier benachbarter Quadrate, die dem Ausgangsquadrat gleich sind.

Abb. 10

Das Liniennetz Hanning hatte einen Punkt j geliefert, der nicht genau mit dem Punkt i zusammenfällt:

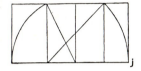

Abb. 10 (Schluß)

Das GITTER war geboren – mit ein wenig Unsicherheit in bezug auf die Punkte i und j – das Verhältnisgitter mit der Bestimmung, auf den Werkplätzen des Wiederaufbaus aufgestellt zu werden, um eine reiche Zahl harmonischer Maße zu liefern, die sich für den Entwurf von Zimmern, Türen, Schränken, Fenstern usw. und für die unbegrenzten Kombinationen der Serien verwenden ließen und gestatten würden, vorgefertigte Bauelemente zu erhalten und sie ohne Schwierigkeiten einzusetzen ...

Im Atelier der Rue de Sèvres begannen wir von neuem mit dem Studium der „Wohnungseinheiten übereinstimmender Größe", die ein erstes Mal 1922 (Typus „Villenblock"), dann 1925 (Pavillon de l'Esprit Nouveau auf der Internationalen Ausstellung der dekorativen Künste, darauf 1937 in „L'Ilot Insaluble No. 6" gezeigt worden waren. Das GITTER der Proportionen bringt uns eine außerordentliche Sicherheit in der Dimensionierung der Entwurfsaufgaben. Wir haben damit ein *Flächenelement* geschaffen, ein Gitter, das die Ordnung der Mathematik mit der menschlichen Gestalt verknüpft. Wir verwenden es, sind aber nicht befriedigt: wir besitzen noch nicht die *Erklärung* unserer Erfindung!

Um die Wahrheit zu sagen: wir sind noch nicht einig. Hanning schreibt mir am 10. März 1944 aus Savoyen, daß das Liniensystem Maillard-Le Corbusier eine mathematische Unmöglichkeit ist: der Ort des rechten Winkels kann nur auf der gemeinsamen Seite zweier Quadrate, in S liegen ...: „Es gibt nur einen möglichen rechten Winkel, es ist der, den die Diagonalen der beiden Quadrate bilden ...", eine Feststellung, die im Widerspruch zur Erscheinung der Schrägen 7–8 seiner eigenen Zeichnung vom 25. August 1943 steht. Diese Schräge wird im August 1948 wiedererscheinen und, glaube ich, ihre Erklärung finden.

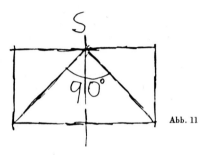

Abb. 11

Der Leser muß sich die Umstände dieser Untersuchungen vergegenwärtigen: die deutsche Besetzung von Paris; die Zerstreuung der Menschen und die Schwierigkeit, sie zusammenzubringen. In der peinlichen Pariser Atmosphäre blieb die fachliche Debatte über die Architektur von Klärung weit entfernt. Ein Gesetz zwang mich, mich um die Aufnahme in die Architektenkammer zu bewerben, die Ende 1940 durch Vichy geschaffen wurde. Bei der Kammer blieb meine Bewerbung vierzehn Monate lang zur Prüfung liegen, bis zum Augenblick, da man schon den Donner englischer Kanonen aus der Richtung Versailles vernahm (1944). Die ASCORAL arbeitet in ihren täglichen Sitzungen bei Kerzenlicht, ohne Telephon und Heizung, im Staub des verlassenen Ateliers Rue de Sèvres 35. Die Sektion IIIb: NORMUNG führt ihre Aufgabe weiter. Uns erreicht das Echo der offiziellen Arbeiten der AFNOR. Der Leiter der Sektion IIIb der ASCORAL, der selbst Mitglied der AFNOR ist,

hält mich auf dem laufenden und schreibt mir unter anderem am 16. Oktober 1943:
„Zwischen dem Gesichtspunkt ASCORAL und dem dortigen (AFNOR) besteht ein grundsätzlicher Unterschied: auf der einen Seite will man das Bestmögliche, auf der andern den Durchschnitt des Bestehenden erreichen."

Das Jahr 1944, die Befreiung.

Im Herbst nehme ich als Mitglied an der Satzungs-Kommission der Nationalen Front der Architekten teil, nachdem ich erreicht hatte, daß die „Charta von Athen" der CIAM als Grundlage der Diskussion dient. Wiederaufbauen, bauen, Serienelemente bestimmen, Harmonie schaffen ... das Gitter der Verhältnisse ist mehr als je auf der Tagesordnung.

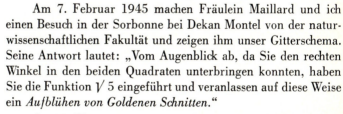

Abb. 12

Am 7. Februar 1945 machen Fräulein Maillard und ich einen Besuch in der Sorbonne bei Dekan Montel von der naturwissenschaftlichen Fakultät und zeigen ihm unser Gitterschema. Seine Antwort lautet: „Vom Augenblick ab, da Sie den rechten Winkel in den beiden Quadraten unterbringen konnten, haben Sie die Funktion $\sqrt{5}$ eingeführt und veranlassen auf diese Weise ein *Aufblühen von Goldenen Schnitten.*"

Am 30. März 1945 verweise ich das Verhältnisgitter dringlich zum weiteren Studium zurück. Wogensky, Hanning, Aujame und de Looze arbeiten daran. Das Ministerium des Auswärtigen – Abteilung Kulturelle Beziehungen – hat mich gebeten, eine architektonische Studienreise nach den Vereinigten Staaten zu organisieren und zu leiten. Ich bin begierig, das Verhältnisgitter, das *vielleicht das Maßwerkzeug der Vorfabrikate* sein wird, nach den USA zu bringen. Wir machen eine Reihe von Tafeln fertig, die (in unsern Augen) den Reichtum der möglichen Kombinationen erweisen.

Wir streben nach einem menschlichen Wert für die gefundene geometrische Kombination und nehmen dafür die Größe eines Menschen von 1,75 m an.

Das Gitter ist von jetzt ab $175-216,4-108,2$ dimensioniert, es sind Maße, in denen man die wachsende ϕ-Reihe 1, 2, 3, 4, 5, 6 usw. erkennen kann, wobei

1 = 25,4 cm
2 = 41,45
3 = 66,8
4 = 108,2
5 = 175,0
6 = 283,2 sind.

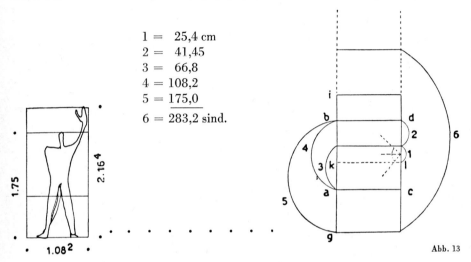

Abb. 13

Man wird bemerken, daß es sich um eine sogenannte Reihe Fibonacci handelt, in der die Summe zweier sich folgender Glieder das darauf folgende Glied ergibt.

In diesem Augenblick wurde das Patent beantragt.

Einige Einzelheiten darüber werden interessieren.

Es fiel mir sehr schwer, ohne weiteres eine einfache und rasche Erklärung des Proportionengitters zu geben. Ich sprach mit einem Unbekannten, dem Direktor eines Patentinstitutes, von Hause aus Ingenieur, dessen Kopf für solche Untersuchungen noch nicht aufgeschlossen war. Wie machen wir ihm verständlich, daß wir uns im Verlauf einer langen persönlichen Erfahrung auf den Gebieten der Architektur, der

44

Wohnungseinrichtung, des Städtebaus, der Konstruktion, der Wirtschaftlichkeit, der bildnerischen Künste usw. usw. auf einer Spur befinden, der ein erster Erfolg beschieden zu sein scheint: man steht vor einer Türe, hinter der sich etwas ereignet, hat aber noch nicht den Schlüssel zum Verständnis des Ereignisses. Man wendet sich in einem Empfangszimmer, dessen Wanduhr Sekunden einer kostbaren Zeit schlägt, an einen Ingenieur voller Höflichkeit, auch voller Wohlwollen (was hört er nicht alles den langen Tag hindurch!), an den Chef eines großen Patentbüros; man sagt zu ihm: Herr Soundso, zunächst gestehe ich Ihnen, daß ich für die Patente von Erfindungen nicht die geringste Liebe hege, aus tausend Gründen, die mir meine Lebenserfahrung eingibt. Trotzdem möchte ich mit Ihnen über ein Gitter der Proportionen usw. usw. sprechen, das in Zahlen, Buchstaben und Liniennetzen ausgedrückt ist, dessen Definition oder, wenn Sie wollen, dessen Erklärung ich aber noch nicht entschleiert habe. Sie werden von meinen Ausführungen nichts verstehen. Doch wenn es nötig ist, werde ich noch ein zweites oder drittes Mal beginnen. Wenn Sie dann wirklich nichts Interessantes an der Sache finden, setzen Sie mich vor die Türe. Ähnlich geschah es: erste Erklärung, zweite Erklärung. – „Ich verstehe nicht, leider . . .“ Dritte Erklärung: „Halt, ich habe verstanden, das hört sich wirklich interessant und wichtig an!“ usw. usw. . . . Als ich mich verabschiede, sagt der Mann zu mir: „In meinem Leben als Patentanwalt streiche ich die mit Ihnen verbrachte Stunde mit weißer Kreide an . . .“

Meinem Gesprächspartner erscheint die Bedeutung der Erfindung unbestreitbar und von beträchtlicher finanzieller Tragweite.

Die Wochen vergehen und ein Jahr vergeht, in deren Verlauf ich einem sehr intelligenten und gebildeten Mann die Konzession erteilte, dieses den Serienfabrikanten der Nachkriegszeit nützliche Maß in Umlauf zu bringen. Meine Meinung über die Sache wird klarer, mein Ehrgeiz aber nicht größer: ich erkenne, daß das Gitter der Verhältnisse, wenn es eines Tages den Serienfabrikanten dienen soll, dem „Fuß-Zoll“ und dem „Meter“ Schach ansagen muß.

Die Geschäftsleute erklären: „Sie werden eine Lizenz auf alles erhalten, was mit Hilfe Ihres Maßes hergestellt werden wird." Das ist ja unermeßlich, grenzenlos! Mein Konzessionär dehnt die Gültigkeit des Patentes auf zahlreiche Länder Europas und Amerikas aus. Er will an verschiedenen Orten Agenturen errichten . . .

.   .   .   .

Kurz und gut, diese Geschichte beginnt mich zu erbittern. Der so brüderliche Patentanwalt beobachtet mich mit einer gewissen Unruhe. – „Sie sind Ihr Feind Nr. 1", sagt er.

Der Konzessionär nimmt mit allen Orten der Welt Fühlung auf. Eines Tages erklärt er mir: „Ihre Zahlen sind unerbittlich genau; sie können sich den ‚ganzen' Zahlen des Fuß-Zolls und des Meters nicht anpassen und lassen sich schlecht mit den Maßen der AFNOR vereinen. Wenn Sie aber in eine etwas größere Geschmeidigkeit Ihrer Maßstabsziffern einwilligten, mit einem Spielraum nicht über 5 %, ginge alles gut, alles würde leichter, jedermann ließe sich überzeugen . . ."

Was für Schwätzereien dieses ganze Jahr 1945 hindurch!

Doch dann kommt die Reise nach den Vereinigten Staaten mit der Überfahrt auf dem Frachtdampfer „Vernon S. Hood".

An einem Tag des Jahres 1946, in Paris, bat ich meinen Freund André Jaoul, von der Elektro-Chemie in Ugines, mich zu dem Patentanwalt zu begleiten. – „Mein Herr", sagte ich zu diesem vortrefflichen Mann, „ich komme, um Ihnen vor dem Zeugen, der vor Ihnen steht, zu erklären, daß ich keinerlei Vermögen aus meiner Erfindung ziehen will. Das Geld darf in diesen Zusammenhängen keine Bedeutung gewinnen. Verstehen Sie mich. Ich möchte die Untersuchungen über das Gitter in Ruhe fortführen können, seine praktischen Anwendungen erproben und erweitern, seine Fehler und seine Vorzüge mit meinen eigenen Augen und meinen eigenen Händen, je nach den täglichen Umständen aufdecken, sie richtigstellen und zu Ende führen. Ich brauche keine Handelsorganisation, will keine Reklame. Wenn die Erfindung in ihrer Art etwas taugt, werden sich die modernen Architekten der ganzen Welt, meine Freunde, ihr anschließen, und ihre Zeitschriften – die besten in allen Ländern – werden ihre Spalten öffnen, um die Erfindung zu prüfen und zu verbreiten. Ich erkenne klar meine Verantwortung in dieser Sache. Man darf den schädlichen, gewaltsamen, wilden und skrupellosen Kreislauf des Geldes nicht in sie einführen. Ich bin voller Gewissenseifer in dieser Sache, bin der Skrupel selber. Ich rechne damit, daß Architekten und Konstrukteure dieses nützliche Maßwerkzeug verwenden werden. Kongresse werden sich damit beschäftigen. Und wenn die Sache es wert ist, werden später auch die Vereinten Nationen durch ihre Wirtschafts- und Sozialabteilung die Frage aufgreifen. Und wer weiß, ob eines Tages, wenn die Hindernisse und Hemmungen, die Konkurrenz und der Widerstand, der sich aus dem Gegensatz der beiden gegenwärtig vorhandenen Maßsysteme: Fuß-Zoll und Meter ergibt, aufgehört haben, ob dann unser Maß nicht das, was getrennt und feindlich war, verbinden und nicht ein Werkzeug der Einigung werden könnte? Sie fühlen gut, lieber Herr, daß ich dieser Aufgabe, die eine Art Apostelamt werden könnte, nicht nachkommen kann, wenn ich annehmen muß, daß hinter jeder meiner Mahnungen und Fürsprachen, hinter jedem meiner Erfolge der Kassierer steht und in meinem Namen einkassiert. Ich bin kein Zolleinnehmer!"

Diese Unterredung regelte die Frage, und ich kann Ihnen, meine Leser, versichern, daß ich mich nach diesem Abschluß, nach diesem Jahr 1945 voller blendender finanzieller Aussichten, wohl und sauber fühlte, im reinen mit mir selber, was die höchste Befriedigung ist.

· ·

Im Atelier hatte ich André Wogensky und Soltan an die Arbeit gesetzt und sie beauftragt, das Aktenmaterial für meine bevorstehende Abreise nach den USA zusammenzustellen. Soltan macht sich als Neuling an den Gegenstand; er hatte die Vorstadien der Frage nicht kennen gelernt . . . : zwei Quadrate, die ein drittes in sich aufnehmen usw. . . . Schon in den ersten Tagen fängt er Feuer und erklärt: „Herr L. C., es scheint mir, daß Ihre Erfindung nicht ein Ereignis der Fläche, sondern ein Ereignis der Linie behandelt. Das „*Gitter*", das Sie fanden, ist nur ein Bruchstück einer linearen Reihe, einer Reihe von Goldenen Schnitten, die auf der einen Seite nach Null, auf der andern ins Unendliche streben." – „Ausgezeichnet", antwortete ich, „von jetzt ab taufen wir es: ‚Proportions-REGLER‘."

Nunmehr ging alles sehr schnell, ohne jede Vernebelung.

Soltan fertigte mir auf starkem Glanzpapier ein prächtiges Band, das von Null bis 2,164 m reichte und auf eine menschliche Gestalt von 1,75 m abgestimmt war.

Am 9. Dezember 1945 wagte ich einen ersten Ausdrucksversuch der *Regel:*

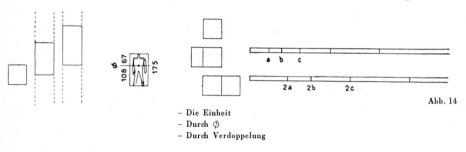

Abb. 14

– Die Einheit
– Durch ϕ
– Durch Verdoppelung

Dann kam die Einschiffung auf dem Liberty-Frachtdampfer „*Vernon S. Hood*", der Mitte Dezember 1945 von Le Havre abfuhr und in New York nach einer Überfahrt von neunzehn Tagen ankam, deren erste sechs in einem schrecklichen Sturm und deren Rest auf einem von mächtigen Wellen aufgewühlten Meer verliefen. Die amerikanische Schiffahrtsgesellschaft hatte uns sieben bis neun Tage Fahrtdauer in Aussicht gestellt. Schon am zweiten Tag lagen die Dinge klar, und es fiel uns leicht, auszurechnen, daß wir achtzehn bis neunzehn Tage brauchen würden. Was für prächtige Zornausbrüche bei den neunundzwanzig Passagieren! Wir schliefen in den Schlafsälen, die Mannschaft belegte die Kabinen. Ich sagte zu meinem Begleiter Claudius Petit: „Ich gehe aus diesem verwünschten Schiff nicht heraus, ehe ich die Erklärung meiner goldenen Regel gefunden habe." Ein freundlicher Reisegefährte verhandelte mit den Offizieren, und eine ihrer Kabinen wurde von 8 bis 12 Uhr jeden Morgen und von 20 Uhr bis Mitternacht zu seiner Verfügung gestellt. Dort, im Tumult der Wogen, bemühte ich mich, einen Gedanken an den andern zu fügen. In meiner Tasche hatte ich das von Soltan in Grade eingeteilte Band, eingerollt in die kleine Aluminiumschachtel eines Kodakfilmes; seitdem hat das Schächtelchen meine Tasche nicht mehr verlassen. Oft sieht man mich – und an den unerwartetsten Orten – die Zauberschlange aus ihrer Schachtel ziehen und eine Prüfung vornehmen. Die folgende als Beispiel: ein paar von uns kauern auf der

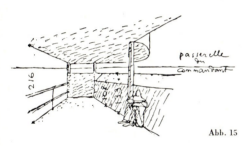

Abb. 15

Schiffsbrücke des Frachters in der frischen Luft; wir finden dort alles angenehm und zweckdienlich proportioniert. Das Band wird aus der Schachtel geholt und zu Vergleichen angesetzt, die ein triumphales Ergebnis haben (Weihnachten 1945). Eine andere Bestätigung aus dem Frühjahr 1948. Ich nehme an der Sitzung des Wirtschaftsrates in der Sektion Wiederaufbau –

Städtebau – öffentliche Arbeiten teil, in der die neue Gesetzesvorlage über die Mieten behandelt wird. Man bespricht die Stockwerkshöhe der Wohnungen. Ich empfehle die Anwendung des Größenmaßes eines Menschen mit erhobenem Arm und seine Verdoppelung. Wir sind im Palais Royal in Paris, im Stock der „kleinen Appartements" (Ende des XVIII. Jahrhunderts und Restauration, Anfang des XIX.).

Dieses Maß würde für kleine Wohnungen genügen, da es ja hier, in den Sälen unserer Tagung, für unsere Verhandlungen zu genügen scheint. Ich wickle mein Regelband ab, von der Decke bis zum Fußboden, und unser Präsident, Herr Caquot, stellt die genaue Übereinstimmung fest.

Kehren wir auf unsern Frachter zurück.

Während das Schiff schwer rollt und stampft, stelle ich eine Zahlenleiter auf:

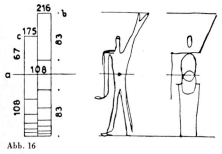

Abb. 16

Diese Zahlen nehmen auf die menschliche Gestalt bezug, auf die *entscheidenden Punkte der Raumverdrängung.* Sie sind also *anthropozentrisch.*

Bezeichnen sie einen besonderen, charakteristischen, um nicht zu sagen einmaligen mathematischen Zusammenhang? Die Zeichnung gibt Antwort:

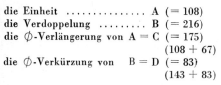

die Einheit .... A (= 108)
die Verdoppelung .... B (= 216)
die ϕ-Verlängerung von A = C (= 175)
                                             (108 + 67)
die ϕ-Verkürzung von   B = D (= 83)
                                             (143 + 83)

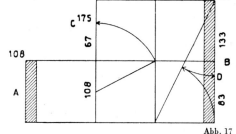

Abb. 17

Von nun an kann man bejahen, daß diese Regel die wesentlichen Raumpunkte der menschlichen Gestalt einsetzt und daß sie die einfachste und wesentlichste mathematische Entwicklung eines Wertes zum Ausdruck bringt, nämlich: die Einheit, ihr Doppel und die beiden verlängerten oder verkürzten Goldenen Schnitte.

Wir sind nun bedeutend weitergekommen und sicherer als im Augenblick der einfachen, möglichst günstigen Einsetzung eines dritten Quadrates, am Ort des rechten Winkels, in zwei nebeneinanderliegende Quadrate, wobei alle drei gleich sind. Als ich

Abb. 18

216

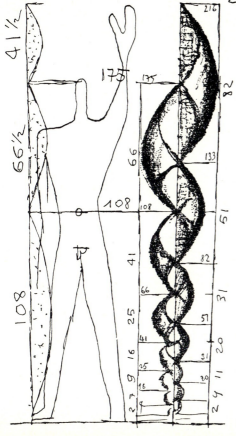

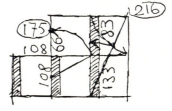

à bord du Cargo
"Vernon S. Hood"
Le 6 janvier 1946

L-C

die beiden Ergebnisse in einer einzigen Zeichnung vereinte, erhielt ich ein sehr schönes Bild. Zuerst bezeichnete ich die Reihe Fibonacci, Ausgang der auf der Einheit 108 errichteten ϕ-Bezeichnung, mit *rote Reihe*. Mit *blaue Reihe* bezeichnete ich die auf ihrer Verdoppelung errichtete Reihe. Ich zeichnete den 1,75 m großen Menschen und bestimmte ihn durch vier Zahlen: Null, 108, 175, 216. Dann, das rote Band links, das blaue rechts, Reihen von ϕ, die nach unten gegen Null zielen und nach oben ins Unendliche fliehen.

Am 10. Januar 1946 verließ ich meinen Frachter in New York und hatte eine Zusammenkunft mit Herrn Kayser, dem berühmten Erbauer der Liberty-Schiffe während des Krieges. Sein neues Programm war die Erstellung von täglich 10 000 Häusern in den Vereinigten Staaten. – „Aber", sagt er zu mir, „ich habe das Programm umgestoßen, ich will Automobile bauen...!!!" Auf späteren Seiten der vorliegenden Studie wird auf die Erklärung Bezug genommen, die ich ihm von den Gründen meines Besuchs gab. Inzwischen wollen wir uns durch eine wirtschaftliche und soziologische Abschweifung einen Augenblick lang von unseren Berechnungen erholen. Also:

Die USA ermächtigen Herrn Kayser, den genialen Geschäftsmann und Industrieführer, drei Millionen Häuser im Jahr herzustellen. Diese Häuser werden in Serien gebaut, sind also Wohnhäuser. Sie werden große Gelände bedecken, werden an Straßen stehen; die Straßen werden nicht in der Stadt sein, wo es keinen Platz gibt, sondern auf dem Land. Die Städte werden sich maßlos ausdehnen – in großen, ungeheuren Vorstädten. Man wird sensationelle Verkehrsmittel schaffen müssen, um sie zu erreichen und miteinander zu verbinden: Eisenbahnen, Untergrundbahnen, Straßenbahnen, Autobusse usw.... Die Folge werden ungezählte Landstraßen, unendliche Kanalisationen (Wasser, Gas, Elektrizität, Telephon usw.) sein. Was für eine Geschäftigkeit, was für ein Reichtum werden damit hervorgerufen! Glauben Sie wirklich? Es wird, bis zum Verhängnis getrieben, die große amerikanische Verschleuderung werden, die ich schon 1935 beobachtet und beschrieben hatte[1]. Niemand hat das Recht, Herrn

---

[1] „Als die Kathedralen weiß waren", Plon, 1936.

Kayser zu warnen, niemand denkt daran, seinen Schwung zu hemmen, kein Rädchen wird in Bewegung gesetzt, um seine unzähmbare Energie sozialen und wirtschaftlichen Zielen zuzuführen ... Nun aber, nach einem halben Jahr Studium, nachdem er alles erwogen, entschließt sich Herr Kayser mit dem ganzen Gewicht seiner Autorität, daß er keine Häuser, sondern Automobile bauen wird. Das Automobil dient dem Verkehr, hilft dem Verkehr, erlaubt, die phänomenale Entartung des Phänomens der amerikanischen Stadt erträglich erscheinen zu lassen. Das Problem ist hier ein anderes: Billigkeit, Leistungsfähigkeit des Wagens selbst, Leistungsfähigkeit. Aber der Wettbewerb in den USA ist riesenhaft und furchtbar. Man wird gegenüber dem Druck des Publikumsgeschmackes noch mehr bieten müssen, wird überbieten müssen. Man muß wissen, daß ein Auto ein Zeichen des Ansehens ist, die erste Stufe des Ansehens. Infolgedessen wird man den Geschmäckern des Publikums schmeicheln: „Stromlinien"-Karrosserien, Wagen, die so groß sind wie die am meisten bewunderten Marken, Kundgebungen der Macht, ja des Überschwangs. Die Wagen sind prächtig, glänzend, Träger des Optimismus, Botschafter der Kraft. Sie sind riesengroß, haben Verdecke und Vorderteile, die mit ihren riesigen verchromten Kinnladen die Gesichter der Götter der Macht selbst zu sein scheinen. Die Verstopfung der Straßen in den USA ist allgemein bekannt. Die Wagen sind noch einmal so lang als es dienlich wäre. Wenn sie wenden, verbarrikadieren sie die Straßen: sie decken sie zu wie mit Schildkrötenpanzern. Leistungsfähigkeit? Die Vorschriften verbieten hohe Geschwindigkeiten, der Verbrauch von Stahl, Lack und Treibstoff ist doppelt so groß. Aufs neue stehen wir vor einem Problem menschlichen Maßes .. Ich schließe die Abschweifung und nehme wieder meinen Modulor zur Hand.

Mein zweiter Besuch galt Herrn Lilienthal in Knoxville, Generaldirektor der Tennessee-Valley-Verwaltung (T.V.A.), dem bewundernswerten Förderer des großen, vom Präsidenten Roosevelt unterstützten Projektes der Harmonie: der Tennesseetalsperre, der neuen Städte, der Rettung und Wiedergeburt der Landwirtschaft.

Die Unterhaltung verlief wirklich freundschaftlich, denn meine goldene Regel erzählte von Harmonie. Und das ganze Werk von Herrn Liliental ist auf Harmonie gerichtet. Er lächelte übrigens bei dem holden Gedanken: die Harmonie zur Herrschaft bringen ... durch die Ausführung der riesenhaften Arbeiten, die Koordination der umfassendsten Projekte: Wasser, Motorkraft, Düngung, Landwirtschaft, Güterverkehr, Industrie. Die Krönung: ein Gebiet so groß wie Frankreich wird der Erosion entrissen, die mit beängstigender Schnelligkeit die bebauten Landschaften mit dem Leichentuch der Wüste zudeckte. Und das siegreiche Leben nahm von diesen geretteten Ländereien wieder Besitz und vollendete damit eine der größten Synthesen der modernen Organisationskunst. In solchen Dingen haben die UdSSR wie die USA ihre Stärke erwiesen.

Dann traf ich in New York einen meiner ehemaligen Zeichner, Wachsmann, der mit bewundernswerter Energie die „Paneel Corporation" auf die Füße gestellt hatte, die sich das Ziel gegeben hat, den Erbauern von Häusern Massen von Serieneinzelteilen zu liefern. Unser gemeinsamer Freund Walter Gropius, der Inhaber des Architekturlehrstuhls an der Harvard-Universität in Boston, half ihm, seinem Unternehmen einen wirklichen architektonischen Anstand zu geben.

Ich kam zu spät, um am Spiel dieser Freunde teilzunehmen. Die Frage bleibt bestehen: Wachsmann hat einen Standard in Schachbrettart gewählt, der allein auf dem Einheitsmaß eines Quadrates aufgebaut ist. Die traditionsgebundenen Japaner haben Jahrhunderte hindurch ihre wunderbaren Holzhäuser auf einem immerhin feineren Einheitsmaß aufgebaut: der Matte *(dem Tatami)*[1].

Gerne hätte ich in das Land der USA, das sich der Serie verschrieben hat, die Sicherheit der *unbegrenzten Mannigfaltigkeit* gebracht, so wie unsere Harmonieregel sie zu gewähren scheint.

---

[1] Das **Tatami** mißt ein **Ken** in der Länge, ein halbes Ken in der Breite. Die Ken änderten sich nach den Provinzen. Das Ken von Kyoto ist das ländliche Ken: 1,97 m. Das Ken von Tokio mißt 1,82 m; vom Tag ab, da der Kaiser Tokio bewohnte, wurde es allgemein. Man verwendet es übrigens nur noch in den Ausmessungen der traditionsgebundenen Häuser. Bei den andern hat das metrische System den Sieg davongetragen.

Nach meiner Rückkehr nach Paris im Februar erlaubte mir eine zufällige Begegnung, eine Persönlichkeit der UdSSR mit der Existenz unserer Regel bekannt zu machen. Bis heute hatte diese Begegnung keine Folgen.

Im Atelier der Rue de Sèvres übertrug ich Préveral die Aufgabe, die Überlegungen auf der „Vernon S. Hood" in Ordnung zu bringen. Die sprachlichen Notwendigkeiten forderten für die goldene Regel einen Namen. Unter mehreren Vokabeln wurde MODULOR gewählt. Zugleich wurde die „Fabrikmarke", die Etikette, festgelegt, die schon durch ihre Zeichnung eine Erklärung der Erfindung gab.

Abb. 19

Der Begleittext konnte diesmal höchst einfach gefaßt werden: der „*Modulor*" ist ein Maßwerkzeug, das von der menschlichen Gestalt und der Mathematik ausgeht. *Ein Mensch mit erhobenem Arm liefert in den Hauptpunkten der Raumverdrängung – Fuß, Solarplexus, Kopf, Fingerspitze des erhobenen Arms – drei Intervalle, die eine Reihe von Goldenen Schnitten ergeben, die man nach Fibonacci benennt. Die Mathematik andererseits bietet sowohl die einfachste wie die stärkste Variationsmöglichkeit eines Wertes: die Einheit, das Doppel, die beiden Goldenen Schnitte.*

Die Kombinationen, die sich bei der Verwendung des „Modulor" ergeben, erweisen sich als unbegrenzt. Préveral wurde beauftragt, eine Reihe von Schautafeln fertigzustellen. Dieses erfreuliche Ergebnis war das natürliche Geschenk der Zahlen – das unerbittliche, wunderbare Spiel der Mathematik.

Nun aber verlangte man von uns, unsere Ziffern „aufzurunden" und sie gewissen andern, gebräuchlichen Ziffern anzunähern. Der Kummer, der für uns daraus entstand, war im wesentlichen folgender: die auf dem ersten Band (dem von Soltan) und auf der ersten Zahlentafel eingeschriebenen Ziffern sind metrische: 1080 mm zum Beispiel (Solarplexus). Das Unglück wollte, daß fast alle diese metrischen Bezifferungen sich in die Zählung Fuß-Zoll nicht übertragen ließen. Nun wird aber der „Modulor" eines Tages den Anspruch erheben, in allen Ländern die Erzeugnisse zu vereinheitlichen. Es war daher notwendig, *ganze Werte* in Fuß-Zoll zu suchen.

Niemals faßte ich ins Auge, gewisse Ziffern unserer beiden Reihen, der roten und der blauen, „aufzurunden". Eines Tages waren wir beisammen und suchten eifrig nach einer Lösung. Einer von uns, Py, sagte: – „Die jetzigen Werte des Modulor werden durch die Gestalt eines Menschen von 1 m 75 bestimmt. Das ist eher eine französische Größe. Ist es Ihnen in den englischen Kriminalromanen nicht aufgefallen, daß die ‚schönen Männer' – ein Polizeiwachtmeister zum Beispiel – immer SECHS FUSS groß sind?"

Wir versuchen, dieses Verhältnis: sechs Fuß = 6 · 30,48 = 182,88 cm anzuwenden. Zu unserer großen Freude lassen sich die Grade eines neuen „Modulor" auf der Basis eines sechs Fuß großen Menschen bei allen Maßreihen in *volle* Ziffern des Fuß-Zolls übertragen! Man hat aufgezeigt – hauptsächlich in der Renaissance –, daß der menschliche Körper der Regel des Goldenen Schnittes gehorcht. Als die Angelsachsen ihre Längenmaße annahmen, wurde eine Beziehung zwischen dem Wert *Fuß* und dem Wert *Zoll* aufgestellt, eine Beziehung, die sich auf die entsprechenden Werte des Körpers erstreckt und sie einschließt. Von nun an wird die Übertragung unseres „Modulor" in volle Werte auf der Grundlage von 6 Fuß (182,88 cm) ein Fest. Wir waren begeistert. Soltan zeichnete ein neues, in Grade eingeteiltes und nunmehr endgültiges Band, das das alte im Aluminiumbüchschen in meiner Tasche ersetzte.

Folgende Äquivalente ergaben sich:

Metrisch		Gebrauchswert		Fuß-Zoll	Gebrauchswert
101,9	mm	102	Millimeter	4″012	4″
126,02	„	126	„	4″960	5″
164,9	„	165	„	6″492	6$^{1}/_{2}$″
203,8	„	204	„	8″024	8″
266,8	„	267	„	10″504	10$^{1}/_{2}$″
329,8	„	330	„	12″98	13″
431,7	„	432	„	16″997	17″
533,9	„	534	„	21″008	21″
698,5	„	699	„	27″502	27$^{1}/_{2}$″
863,4	„	860	„	33″994	34″
und so fort				und so fort	

Diese bestandene Prüfung brachte uns einen besonderen Gewinn: wir konnten ermessen, daß der „Modulor" den peinlichsten Streitpunkt, der die Benutzer des Meters von den Benutzern des Fuß-Zolls trennt, ausschloß. Ein in der Praxis so großer Streitpunkt, daß er eine Mauer aufrichtet zwischen den Technikern und Produzenten, die den Fuß-Zoll und denen, die den Meter gebrauchen[1]. Die Übertragung der Berechnungen eines Systems in das andere ist eine lähmende, kostspielige und so delikate Unternehmung, daß sie die beiden Lager einander entfremdet, noch viel gründlicher, als es die Verschiedenheit der Sprachen tut.

---

[1] Ich kann davon etwas erzählen, da ich 1947 im New Yorker Büro des Generalquartiers der Vereinten Nationen, als ich die Pläne zu den Neubauten am East River zeichnete, ein Martyrium durchmachte. Wer nicht selbst so die aufreizenden und entmutigenden Auswirkungen der Unvereinbarkeit von Zahlen erlitten hat, ermißt die Schwierigkeit der hier angedeuteten Lage nicht.

Der „Modulor" ist imstande, die Übertragung Meter-Fuß automatisch durchzuführen. Tatsächlich besiegel er die „Entente cordiale" nicht des Meters (der nichts anderes ist als eine auf Übereinkunft beruhende Metallstange auf dem Grund eines Schachtes im Pavillon de Breteuil in der Nähe von Paris[1]), sondern der Dezimale und des Fuß-Zolles, und durch das *Dezimalverfahren* befreit er den Fuß-Zoll von seinen komplizierten und lähmenden Additions-, Subtraktions-, Multiplikations- und Divisionsrechnungen.

„Welche Dankbarkeit schuldet man doch der Positionszählung und dem Gebrauch, den sie von der Null macht! Ohne sie hätte sich die Arithmetik sicher nie aus ihrer griechischen Schmetterlingspuppe befreit ... macht sich nicht ihr wohltätiger Einfluß im ganzen Getriebe nicht nur des mathematischen Apparates, sondern auch aller Techniken fühlbar, auf denen die Macht der großen modernen Staaten beruht?"[2]

Frankreich hatte mich zu den Vereinten Nationen delegiert, um dort, bei Gelegenheit der Errichtung des Sitzes der UNO in den USA, die moderne Architektur zu verteidigen, und am 1. Mai 1946 bestieg ich das Flugzeug nach New York.

In Princetown hatte ich das Vergnügen, mich ziemlich lange mit Professor Einstein über den „Modulor" zu unterhalten. In bezug auf den letzteren befand ich mich damals in einer Periode großer Unsicherheit und Unruhe; ich erklärte mich schlecht, erklärte ihn schlecht, war in „Ursachen und Wirkungen" verstrickt ... In einem gewissen Augenblick ergriff Einstein den Bleistift und begann zu rechnen. Dummerweise unterbrach ich ihn, die Unterhaltung geriet auf Abwege, die Rechnungen erlitten eine Panne. Der Freund, der mich eingeführt hatte, war untröstlich. Liebenswürdig schrieb mir Einstein noch am gleichen Abend über den „Modulor": „Er ist eine Skala der Proportionen, die das Schlechte schwierig und das Gute leicht macht." Manche Leute

---

[1] Richtiger: der absolute Wert des metrischen Eichmaßes ist neuerdings durch die Länge einer Welle von besonderer Farbe ersetzt worden.
[2] François de Lionnais: „Die Schönheit in der Mathematik" (Cahiers du Sud, 1948).

sind der Meinung, daß es dieser Einschätzung an wissenschaftlicher Haltung fehle. Was mich betrifft, so glaube ich, daß sie äußerst hellsichtig ist. Sie ist ein freundschaftliches Zeichen, das ein großer Gelehrter uns gibt, die wir durchaus keine Gelehrten, sondern Soldaten auf dem Schlachtfeld sind. Der Gelehrte sagt zu uns: „Eure Waffe zielt gut: auf dem Gebiet des Meßbaren, also auch der Verhältnisse, gibt sie eurer Arbeit größere Sicherheit."

In seinem Büro auf dem Broadway hatte ich den „Modulor" dem beratenden Ingenieur Mougeot erklärt, der in Paris das C. O. E. (Comité d'Organisation Economique) gegründet hatte, von dem er in den Vereinigten Staaten eine Zweigstelle einrichtete, die sich der Werksorganisation widmete. – „Wie, Sie als Franzose wollen amerikanische Fabriken organisieren?" – „Aber ja, gewiß, hier herrscht eine sensationelle Verschleuderung, usw. . . ." – „Man lernt jeden Tag etwas dazu!" Bald darauf sagte Mougeot zu mir: – „Den ganzen Tag habe ich damit verbracht, mit Ihrem Modulor Berechnungen anzustellen. Wissen Sie, daß zwischen dem kleinsten Maß, das ich heute untersuchte, dem Fünfzehntausendstel eines Millimeters, und dem Erdumfang der ‚Modulor' nur 270 Intervalle alles in allem zählt? Das ist interessant." Er setzte hinzu: *„Der ‚Modulor' kann im Maschinenbau mit demselben Recht verwendet werden wie in der Architektur.* Eine Maschine wird ja von einem Menschen bedient, sie hängt vollständig von den Bewegungen des Arbeiters ab, der sie gebraucht; ihr Maßstab muß infolgedessen ein menschlicher sein. Es heißt also, im Maschinenbau die günstigen Maße der Raumverdrängung und des nutzbaren Raumes zu bestimmen, die ihrerseits die praktischen Abmessungen der Maschinen, infolgedessen die Abmessungen der Wellen, der Rahmen usw. . . . der Lehren der Verpackungen usw. . . . diktieren werden." Diese Folgerung Mougeots ist von Bedeutung.

. . . Ich besuchte das Museum Cooper Union in New York, ein Museum, das den Unterricht in angewandter Kunst und Architektur unterstützt. In der Abteilung

Mobiliar bleibe ich vor einem Salon Louis XV. stehen, der mit Grotesken[1] geschmückt ist und ausgezeichnete Verhältnisse hat. Ich ziehe das Aluminiumbüchschen aus der Tasche und messe: die Höhe des Zimmers ist haargenau 2 m 16, der Kamin und verschiedene Einzelheiten zeigen die gleiche Übereinstimmung. Der Freundin, die mich begleitet, erklärte ich: dies hier ist ein Werk der französischen Tischlerei, denn ich gebrauche mein Band Nr. 1, das sich auf einen Menschen von 1 m 75 Größe bezieht. Eine Aufschrift verkündet: *„Singerie[2] aus dem Schloß von Chantilly."*

Eines Abends brachte mich André Jaoul beim Abendessen mit John Dale zusammen, dem Präsidenten der Firma Charles Hardy Inc. in New York. John Dale würde sich unter Umständen für den Vertrieb des MODULOR einsetzen, *als eines Werkzeugs, das man neben den Zirkel auf den Zeichentisch legt.* Ich erkläre den Grundsatz des „Modulor". John Dale entgegnet mir: „Ich verstehe sehr gut, und zwar deshalb: abends in meinem Heim spiele ich Cello; auch meine Finger auf den Saiten treiben eine Art Mathematik als Funktion menschlicher Maße."

Der „Modulor" ist ein auf der Mathematik und den menschlichen Körperverhältnissen aufgebautes Maß; er besteht aus einer doppelten Reihe von Zahlen, der roten Reihe und der blauen Reihe. Also könnte eine Zahlentafel genügen? – Nein! Hier möchte ich nachdrücklich den Gesichtspunkt klarstellen, in dem ich geradezu den Schlüssel der Erfindung sehe. Der Meter ist nur eine Bezifferung ohne Körperlichkeit: Zentimeter, Dezimeter, Meter sind nur Namen eines Dezimalsystems. Später werde ich noch ein paar Worte über den Millimeter sagen. Die Ziffern des „Modulor" sind *Maße.* Also Tatsachen in sich, die eine Körperlichkeit besitzen; sie sind die Folgen einer Wahl unter einer Unendlichkeit von Werten. Diese Maße gehören aber auch zu den Zahlen und besitzen deren Tugenden. Die herzustellenden Gegenstände aber, deren

---

[1] Das Wort Groteske wird in der Kunstgeschichte wahrscheinlich zu Unrecht gebraucht. Sein Ursprung ist die rocaille, der Fels, die Grotte; daher die „Grotteske" der Renaissance zu Ehren. Als man dem Wort ein „t" wegnahm, gab man ihm einen anderen Sinn und wandte es auf andere Dinge an.

[2] Der Ausdruck bezeichnet Schmuckformen im Stil der Zeit Louis XV., die aus Affen und Laubwerk bestehen.

Ausmaße sie festlegen, sind in jedem Fall *Gefäße des Menschen* oder *Fortsetzungen des Menschen*[1]. Damit die besten Maße gewählt werden können, ist es besser, *sie zu sehen und mit den ausgestreckten Händen abzuschätzen* als sie nur zu *denken* (dies gilt für die der menschlichen Gestalt sehr nahen Maße). Deshalb muß sich das „Modulor"-Band auf dem Zeichentisch neben dem Zirkel befinden, muß zwischen den beiden Händen entrollt werden können und dem Arbeitenden *die unmittelbare Sicht der Maße* bieten und auf diese Weise eine sachliche Wahl erlauben. Die Architektur (und wie ich schon sagte, fasse ich unter diesem Ausdruck nahezu die Gesamtheit der angefertigten Dinge zusammen) muß ebenso sinnlich und körperlich wie geistig und spekulativ sein.

Nachdem das Gesetz des „Modulor" entdeckt ist, muß man noch dessen Anwendung und infolgedessen seine materielle Gestaltung ins Auge fassen. John Dale beauftragte den New Yorker Architekten Stamo Papadaki mit der technischen Führung dieser Untersuchung. Welche äußere Form wird dem „Modulor" verliehen werden, welcher Industriezweig wird ihn verwirklichen?

Die Form: 1. *ein Band* von 2,26 m (89 Zoll) Länge aus Metall oder plastischem Stoff; 2. *eine Zahlentafel*, welche die brauchbaren Reihen aufzeigt. Die Bezeichnung „brauchbar" meint solche Maße, die in einem erfaßbaren Feld zu verwenden sind. Die Grenze dieses Feldes ist die der sichtbaren und fühlbaren wirklichen Wahrnehmung. Wir nehmen an, daß jenseits von vierhundert Meter die Maße nicht mehr schätzbar sind, da dann wirkliche Probleme nicht mehr bestehen; wir wollen, selbst wenn wir von Städtebau sprechen, die gleisnerischen Pläne gewisser militärischer neuer Städte der Renaissance vermeiden, Pläne, die in Wirklichkeit billig waren, denn sie entzogen sich dem Auge und dem Verständnis. Die Renaissance brachte den Schulgeist, die grenzenlosen „Verstandes"-Pläne, außerhalb der Wahrnehmung, außerhalb der Sinne, und außerhalb des Lebens, von einer Geistesart, die zur Unfruchtbarkeit führen mußte

---

[1] Eine Maschine oder ein Möbel, auch eine Zeitung sind Fortsetzungen menschlicher Gebärden . . .

und die eines schönen Tages die Architektur getötet hat, nachdem sie sie auf die Papier-bogen der Reißbretter genagelt hatte, in Sternen, Quadraten und anderen blendenden, rein subjektiven Figuren; 3. *ein Merkbuch*, das die Erklärung des „Modulor" und einige seiner Kombinationen enthält.

Ein sinnreiches und interessantes Erzeugnis, ein hübscher Gegenstand, der die Präzisionswerkzeuge des Technikers ergänzen könnte. Seit zwei Jahren sucht John Dale in den USA nach dem Industriellen, der sich dieser Arbeit annehmen wird. Die ameri-kanischen Industrien haben zehn Jahre gesicherter Beschäftigung vor sich, allein durch die unermüdliche Wiederholung ihrer seitherigen Produktion. Keine will die Mühe wagen! Wie? Die Welt ist neu zu erbauen? Die Techniker haben sich überall des Themas bemächtigt: *Häuser zu bauen?* Für das Wohl der Menschen kann ein unerhör-ter Sprung nach vorwärts getan werden? Diejenigen, welche das große Unglück des Krieges unversehrt ließ, die Nutznießer des menschlichen Leides, haben keine Nei-gung, außerhalb ihres trägen Überflusses den kleinen Finger zu rühren!

Wenn der „Modulor" verdient zu leben, wird er dies nur unter der Bedingung seiner Verbreitung verdienen, die helfen wird, die Erzeugnisse zu dimensionieren: John Dale wird sein Werk durch die Herausgabe eines Weltmitteilungsblattes über den „Modulor" vollenden, das aufklären soll, das aber auch dazu bestimmt ist, die Reaktion der Benutzer festzuhalten, ein Mitteilungsblatt, das wie eine Unterhaltung in einer (gebildeten) Familie über ein gemeinsames Thema sein soll.

Am 28. Januar 1947 begann ich in New York als einer der zehn Fachleute der Vereinten Nationen meine Arbeit für die Plangestaltung des Generalquartiers der UNO am East River. Schon hatte – man weiß nicht, wie sehr! – der „Modulor" seine Spur hinterlassen. Der Bund der *American Designers* hielt seine Jahresversammlung ab und bat mich, im großen Amphitheater des Metropolitan Museums einen Vortrag zu halten. Der Bund faßt unter der Bezeichnung *designer* nicht Zeichner zusammen, wie man annehmen möchte, sondern schöpferische Menschen, Entwerfer aller jener

Dinge, die an die Zeichnung gebunden sind. Ein paar Monate später erklärten die Studierenden der Architekturfakultät von Columbia, wie auch ihre Professoren und der Minister der Volkserziehung, die mich so herzlich in Bogotá empfingen, daß sie große Erwartungen in den „Modulor" setzten. Im September desselben Jahres zeigte sich die gleiche Neugierde auf dem VI. Kongreß der CIAM in Bridgewater in England. Die große Londoner Zeitschrift „The Architectural Review" widmete den Anfangselementen des „Modulor" ein Heft und veröffentlichte beschreibende Tafeln des Systems. In diesem teilweise von Matila Ghyka redigierten Heft schien dieser eine Frage zu beantworten, die ich mir jeden Tag stellte, nämlich die: hat der „Modulor", der auf einem gewissen Gebiet *die Zaubertüre der Zahlen* öffnet, *irgend eine Tür* aufgemacht, unter hundert oder tausend wunderbaren Türen, die es in diesem Bereich geben kann oder geben könnte, oder hat er durch das Spiel des Zufalls oder des Glücks *die* Türe aufgemacht, die aufgemacht werden mußte? Die Antwort Ghykas scheint der zweiten Möglichkeit der Alternative zuzuneigen. Wie ich am Schluß dieser Ausführungen sagen werde, trage ich diese Frage noch in mir, stelle sie unterwegs meinen Gesprächspartnern und behalte mir bei jedem Stand der Angelegenheit das Recht vor, die durch den „Modulor" sichtbar gemachten Lösungen jederzeit zu bezweifeln; so erhalte ich mir meine Freiheit, die nur von meinem Gefühl für die Dinge abhängen soll, nicht aber von meinem Verstand.

Als ich im Juli 1947 aus Amerika zurückkehrte, erlaubten mir die Umstände – und dies schon seit einem vollen Jahr – die Arbeit meiner „Werkstatt von Bauleuten" aus nächster Nähe und *mit meinen eigenen, mit der Arbeit meines Kopfes vereinten Händen* zu überwachen (über den Wert einer solchen Gelegenheit spreche ich mich noch aus). Bei dieser mühevollen Aufgabe verschaffte mir die Verwendung des „Modulor" durch das leitende und zeichnende Personal bei den Arbeiten von Marseille, Saint-Dié, Bally usw. reichliche Gelegenheit zur Beurteilung. Diese Beurteilung ist so positiv, daß ich es für anständig und richtig halte, wenn ich die ganze Mechanik des „Modulor" hier vor dem Leser ausbreite, damit sich jeder ein Urteil darüber bilden kann.

Ein Wort soll noch über die Fassung Nr. 2 des „Modulor" gesagt werden, die auf der Grundlage eines Menschen von sechs Fuß entwickelt wurde. Die Überlegung ist kurz: da die mit dem „Modulor" zu dimensionierenden Gegenstände der Weltfabrikation überallhin reisen, daher das Eigentum von Verbrauchern aller Rassen und Größen werden, ist es ebenso natürlich wie unerläßlich, vom Maß des größten (sechs Fuß großen) Menschen auszugehen, damit die herzustellenden *Rauminhalte* von ihm verwendet werden können. Daraus ergibt sich die größte architektonische Dimensionierung: es ist besser (im vernünftigen Maß) größer als zu klein zu sein, da man auf diese Weise über Rauminhalte verfügt, die von allen gebraucht werden können.

Während ich jetzt, im August 1948, dieses Buch schreibe, kommen mir wieder Zweifel über die erste Fassung des zeugenden Prinzips des „Modulor": *ein drittes Quadrat, das im Innern der beiden ersten aneinanderstoßenden Quadrate eingezeichnet wird, im sogenannten Ort des rechten Winkels.* Von neuem zeichne ich die Figuren:

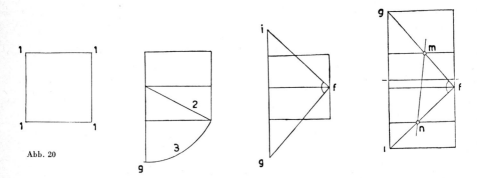

Abb. 20

und denke über den Fall der beiden Punkte m und n nach, die eine schräge Linie erzeugen. Die Tangente des Kreises, in den der rechte Winkel eingezeichnet wird, ist

64

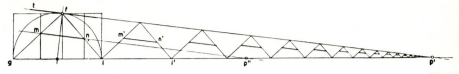

Abb. 21

gleichfalls schräg. Verlängert man die schräge Tangente und auch die Schräge m n –
werden sich dann die beiden Linien auf der Basisgeraden der Figur treffen, auf diese
Weise erlauben, zwischen ihnen eine abnehmende Reihe rechtwinkliger, dem ersten
ähnlicher Dreiecke einzufügen, und das Prinzip der abnehmenden ϕ-Reihe und das
Verhältnis Fibonacci bestätigen?

Am Ende dieses geschichtlichen Abrisses, der schon der mutmaßlichen Geduld
des Lesers angepaßt wurde, ist eine kurze Wiederholung der erreichten Stationen
nicht unnütz.

1. Das Gitter liefert drei Maße 113, 70, 43 (in Zentimetern), die in ϕ- (Goldener Schnitt-) Beziehung zueinander stehen, und die Reihe Fibonacci: $43 + 70 = 113$
oder $113 — 70 = 43$. Addiert ergeben sie: $113 + 70 = 183, 113 + 70 + 43 = 226$.

2. Diese drei Maße $(113 - 183 - 226)$ sind Merkmale des Raumes, den ein
sechs Fuß großer Mensch einnimmt.

3. Das Maß 113 liefert den Goldenen Schnitt 70 (siehe Fußnote 1 Seite 68) und
führt zu einer ersten Reihe, die wir die *rote Reihe* nennen: 4 - 6 - 10 - 16 - 27 - 43 -
70 - 113 - 183 - 296 usw. Das Maß 226 (2×113), das Doppel, liefert den Goldenen
Schnitt 140 - 86 und führt zur zweiten, der *blauen Reihe* 8 - 13 - 20 - 33 - 53 - 86 -
140 - 226 - 366 - 592 ...

4. Unter diesen Werten oder Maßen kann man solche herausfinden, die mit der
menschlichen Gestalt in charakteristischer Weise zusammenhängen.

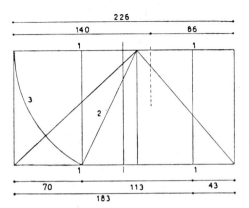

Abb. 22

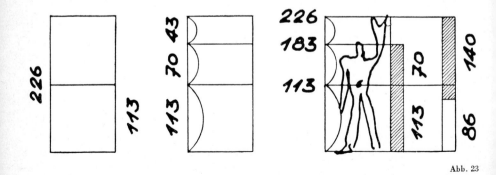

Abb. 23

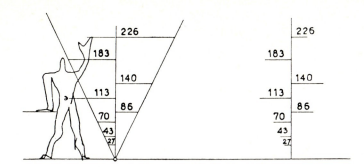

Abb. 24

Man kann sie so zeichnen:

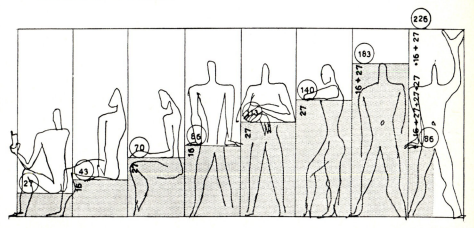

Abb. 25

5. Was aber am Ende am meisten zählt, ist der Rücklauf der Werte, der unendlich viele Kombinationen erlaubt, – was einige Abbildungen des zweiten Teils dieser Abhandlung, die der Anwendung des „Modulor" gewidmet sind, anschaulich machen.

Die bis heute verwendete eingetragene Schutzmarke kann aus einer Verbesserung des Liniennetzes Gewinn ziehen. Bis jetzt bestätigt der aufrecht stehende Mensch drei wesentliche Werte des „Modulor" – und nicht vier – nämlich:

      113 Solarplexus,

      182 Scheitel (ϕ-Verhältnis zu 113),

      226 Fingerspitzen bei erhobenem Arm.

Das zweite ϕ-Verhältnis, 140–86, bezieht sich auf einen vierten Hauptpunkt der menschlichen Gestalt: die aufgestützte Hand mit 86 cm.

Daher wird die Person, die ihren linken Arm hochhält und ihre rechte Hand verbirgt, diese Hand freimachen und sie auf das Maßzeichen 86 stützen. So sind also die vier bestimmenden Punkte der Raumbetonung durch die menschliche Gestalt eingesetzt.

Und hier hat man nun, zwanzig Jahre, nachdem Matila Ghyka darüber geschrieben hat (1927: „Ästhetik der Verhältnisse in Natur und Kunst") die Offenbarung der **Dreiheit**: Solarplexus, Scheitel, Fingerspitzen bei erhobenem Arm, und der **Zweiheit**: Solarplexus und Fingerspitzen, als doppelte unbegrenzte Wirklichkeit für die Dreiheit in der **roten** Reihe, für die Zweiheit in der **blauen** Reihe des „Modulor".

– „Auch die Körper der Tiere und Insekten offenbaren in vielen ihrer Verhältnisse den Satz vom Goldenen Schnitt: in den Vorderbeinen des Pferdes wie im Zeigefinger der menschlichen Hand erscheint die Reihe dreier sich folgender Glieder einer absteigenden ϕ-Reihe; diese Dreiheit ist bedeutungsvoll, denn durch die Tatsache, daß ihr größtes Glied gleich der Summe der beiden andern ist, führt sie wieder die Zweiheit ein, die symmetrische Teilung, deren Widerspruch sie a priori war; in der Architektur wird dies von Interesse sein."

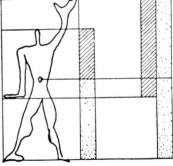

Abb. 26

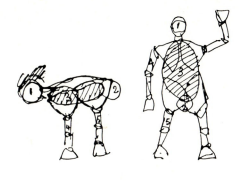

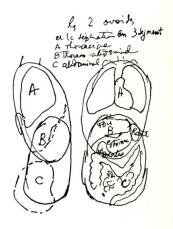

Abb. 27

Nachträgliche Bestätigung (1948) der Raumverdrängung des menschlichen Körpers (Dr. Pierre Mabille, „Der Bau des Menschen").

Kapitel 3
Mathematik

Durchschritten das Tor der Wunder . . .

DIE mathematischen Wissenschaften sind der Meisterbau, den der Mensch für sein Verständnis des Weltalls erdacht hat. Man findet darin das Absolute und das Unendliche, das Greifbare und das Ungreifbare. Mauern erheben sich, vor denen man fruchtlos vorbeigehen und wieder vorbeigehen kann; zuweilen findet man ein Tor; man macht es auf, tritt ein, ist an einem fremden Ort, dort, wo die Götter wohnen, dort, wo sich die Schlüssel der großen Systeme finden. Diese Tore sind die der Wunder. Hat man eines dieser Tore durchschritten, handelt nicht mehr der Mensch: das All ist es, das der Mensch an dem oder dem Punkt berührt. Und vor seinem Antlitz entrollen sich leuchtend die wunderbaren Teppiche der grenzenlosen Möglichkeiten. Er ist im Reich der Zahlen. Er kann ein sehr bescheidener Mensch sein und trotzdem eingetreten sein. Laßt ihn vor so viel übermächtig strahlendem Licht in Entzücken verharren.

*

Der Schock dieses Lichtes ist schwer zu ertragen. Die Jungen, die uns mit ihrer Begeisterung und ihrer Unkenntnis der Verantwortung, die Stärke und Schwäche ihres Alters ist, Stützen sind, hüllen uns, wenn wir uns nicht dagegen wehren, in die Nebel ihrer Unsicherheit. In der Angelegenheit, die uns beschäftigt, heißt es fest bleiben und wissen, was man sucht: man sucht ein Präzisionswerkzeug, das helfen soll, Maße auszuwählen. Ist man einmal mit dem Zirkel in der Hand in den Strudel der Zahlen geraten, häufen sich die Wege und Spuren, verzweigen sich, laufen in alle Richtungen, blühen und entfalten sich ... und entführen uns in weite Fernen, während sie sich vom gesteckten Ziel entfernen: die Zahlen spielen *miteinander!* Die großen Theoretiker der Renaissance sind diesen verführerischen Wegen gefolgt. Während ich mich immer weigerte, die Frucht dieser Neigung anzuerkennen – die Architektur jener Epoche und die ihr folgende –, *fühlte* ich zunächst, daß ich nicht einverstanden war, und lange konnte ich mir den Grund nicht erklären. Man entwarf die Architektur auf dem Papier, mit dem Zirkel und in Sternen; die humanistischen Geometer waren bei den Sternen-Ikosaedern und -Dodekaedern angelangt, zwangen den Geist zu philosophierenden Auslegungen und entfernten sich in dem, was die Kunst zu bauen betrifft, sogar von deren eigentlichem Grundproblem: dem Augenerlebnis. Ihr System entzog sich der Verdolmetschung durch die visuelle Wahrnehmung, und alle, die heute das Werk betrachten, können mangels dieser visuellen Verdolmetschung keine Beziehung herstellen zu den persönlichen Absichten, mit denen man vorgab, es ausgeführt zu haben. Denn wenn der Mensch die Augen schließt und sich in der Betrachtung aller Möglichkeiten verliert, sondert er sich ab. Doch wenn er baut, tut er es mit offenen Augen; er schaut mit seinen Augen. Seine Augen (es sind zwei, nicht zehn oder hundert oder tausend) sind vor seinem Kopf angebracht, in seinem Gesicht, *das ihm gehört,* sie blicken geradeaus, können weder seitlich noch rückwärts sehen und daher die verhüllende, blendende Welt der aus den philosophischen Polyedern stammenden Möglichkeiten nicht einschätzen. Die Architektur wird von Augen beurteilt, die sehen, von einem Kopf, der sich dreht, von Beinen, die gehen. Die Architektur ist kein synchronistisches Phänomen, sondern ein allmählich erlebtes, es besteht aus Schauspielen, die sich aneinanderfügen und in Raum und Zeit folgen, wie es übrigens auch in der Musik geschieht. Dies ist sehr bedeutungsvoll, sogar entscheidend: die Sterne der Hochrenaissance haben eine elektrische Verstandesarchitektur hervorgebracht, ein Schauspiel, das sich nur durch Bruchstücke seiner Absichten darbietet; es ist dasselbe Bruchstück, das sich fortwährend auf den Sternenaxen wiederholt. Das menschliche Auge ist kein Fliegenauge, das im Kern eines Polyeders eingebaut ist; es sitzt auf einem menschlichen Körper, zu beiden Seiten der Nase, in der durchschnittlichen Höhe von 1 m 60 über dem Boden. So ist, schlecht und recht, unser Werkzeug der Einschätzung des architektonischen Erlebnisses beschaffen. Der Sehkegel öffnet sich nach vorn, konzentriert sich auf ein sinnliches Feld, das in Wirklichkeit beschränkt ist, beschränkt auch durch den Geist, der, abgesehen von der physischen Apparatur, nur das auslegt, einschätzt und mißt, was zu erfassen er Zeit hat.

Zwei Jahrhunderte nach den Humanisten der Renaissance sagte Fénelon, der in den wahrhaft gefährlichen Stunden der Architektur lebte – in denen der großen Versuchungen durch die „Klassik", die den Verfall einleiteten –: „Hütet euch vor den Hexereien und den teuflischen Reizen der Geometrie."

Für die Musik hatte sich das Problem gestellt, als man in der Notenschrift das Mittel einer befriedigenden Übermittlung suchte. Man unterschied Tonintervalle, die vom menschlichen Ohr festgehalten werden konnten, und Frequenzen, die von der Mathematik ausgingen. „Die Frage, die sich also gestellt hat, ist folgende: wie kann man aus 300 unterscheidbaren Tönen einer Oktave eine Tonleiter zusammenstellen, die nur wenige Töne verwendet? Wir möchten hier dem Leser die ganze Schwierigkeit begreiflich machen, die diese Frage mit sich brachte; irgendwie verpflichtete sie die Musik für Jahrtausende, wenn nicht für die Ewigkeit."[1]

---

[1] „Mathematik und Musik" von Henri Martin, in Cahiers du Sud, 1948.

. . . „Die Musik ist eine Übung in geheimnisvoller Mathematik, und wer sich ihr hingibt, weißt nicht, daß er Zahlen handhabt" (Leibniz).

. . . „Der Klavierlehrer weiß nicht, daß er mit Logarithmen umgeht" (Henri Martin).

„Nicht die Musik ist ein Teil der Mathematik, sondern die exakten Wissenschaften sind umgekehrt ein Teil der Musik, denn sie sind auf Proportionen gegründet, und der Widerhall des Klangkörpers erzeugt alle Proportionen."

Diese letzte freche Behauptung Rameaus erhellt unsere Untersuchung: die Musik beherrscht und regiert. Genauer gesagt: die Harmonie. Die Harmonie, die alle Dinge beherrscht, alle Dinge unseres Lebens regelt, ist das natürliche, beständige, unermüdliche Streben des Menschen, der von der Kraft des Göttlichen beseelt ist und die Mission in sich trägt, auf der Erde das Paradies zu verwirklichen. Paradies bedeutete in den orientalischen Kulturen *Garten*; der Garten glänzte unter den Strahlen der Sonne, wie in ihrem Schatten, von den schönsten Blumen und verschiedenartigsten Pflanzen. Der Mensch kann nur als *Mensch* denken und handeln (Maße erdenken, die seinem Körper dienen) und sich im Weltall integrieren (als Rhythmus oder als Rhythmen, die den Atem der Welt bilden).

In diesem Duett, diesem Duell, diesem Bündnis, diesem Kampf, dieser Verschiedenheit und dieser Gleichgültigkeit des Geschickes des einen (des Menschen) und des andern (des Alls) kommen die unserem Verständnis zugänglichen Maße bald vom einen, bald vom andern Partner her. Im Studio des Radio Nationale zeigt der rote Sekundenzeiger, der ohne jede Hoffnung auf eine Pause über das Zifferblatt der Uhr rast, keine *Zeit* an, sondern eine *Geschwindigkeit*. Dagegen bezeichnet der Minutenzeiger eine Zeit, einen Abgrund von Zeit verglichen mit jener halluzinierenden Geschwindigkeit. Auch die Stunde, auch der Tag von vierundzwanzig Stunden, in dem sich Tag und Nacht ablösen. Und wenn der Evangelist der Apokalypse schreibt: „Es ward eine Stille in dem Himmel bei einer halben Stunde . . .", so ist diese von der kosmischen Dauer so entfernte menschliche Schätzung plötzlich so schmerzhaft, daß sie einem den Atem nimmt.

Die Sekunden fallen unermüdlich, ein Fluidum der Dauer, das fließt und vergeht. Darauf kann *man* sein Verhalten nicht einrichten (ich spreche von uns, außerhalb unserer manchmal mühevollen wissenschaftlichen oder technischen Arbeit, die uns zwingt, uns unter das Joch der unversöhnlichen Genauigkeit zu beugen; wir haben das Haus eines annehmbaren Lebens zu errichten, denn nur so werden wir der allgegenwärtigen, überall wirksamen irdischen Hölle entrinnen).

Die Unterscheidungen, die ich mache, sind nicht einfach dumm! Um gut zu komponieren, braucht man nur wenige Elemente, aber auch von diesen soll jedes eine Persönlichkeit sein – eine starke Persönlichkeit. Es genügen sechsundzwanzig Buchstaben, um Zehntausende von Wörtern in fünfzig Sprachen zu schreiben[1]. Das Weltall setzt sich (nach unserer gegenwärtigen Kenntnis) aus 92 einfachen Körpern zusammen. Die ganze Arithmetik wird mit Hilfe von zehn Ziffern geschrieben, die Musik mit sieben Notenzeichen. Das Jahr hat vier Jahreszeiten, zwölf Monate, und Tage mit vierundzwanzig Stunden. Mit Stunden, Tagen, Monaten und Jahren stellen wir die Programme unserer Unternehmungen auf. Alles dies ist die Frucht der miteinander verbundenen kosmischen und menschlichen Ordnungen. Die Ordnung ist der eigentliche Schlüssel des Lebens.

Kehren wir zu unserem Thema zurück, der Erklärung, wie ein Maßwerkzeug entstehen konnte. Als es sich um Bilder handelte, zeigte ich durch das Unterschieben von regulierenden Liniennetzen, daß die angenommene, die Geometrie des Werkes verpflichtende Regel sich auf sein Objekt richtete: auf die durch ihr Format, ihre Ausdehnung (Höhe, Breite und die vier Winkel) festliegende bemalte Leinwand – auf den Maßstab der Leinwand:

---

[1] Georges Sadoul.

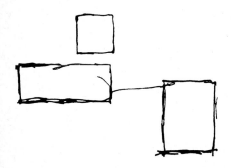

Abb. 28

von da ab ist die Einheit im Innern des Objektes eingeschrieben.

Beim Bauwerk wird die Regel im Maßstab des *Inhaltes* sein, welcher der Mensch ist, also im menschlichen Maßstab, wobei das Auge der Zeremonienmeister ist und der Geist der Hausherr.

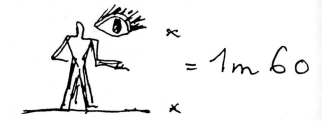

Abb. 29

Was tut der Zeremonienmeister, der beauftragt ist, dem Bauwerk *wahre* Maße zu geben? Was kann er tun, was soll er tun? Er wird sich die eigentlichen optischen Faktoren merken, die imstande sind, (dem Hausherrn) allerhand Augenschmaus zu bereiten.

78

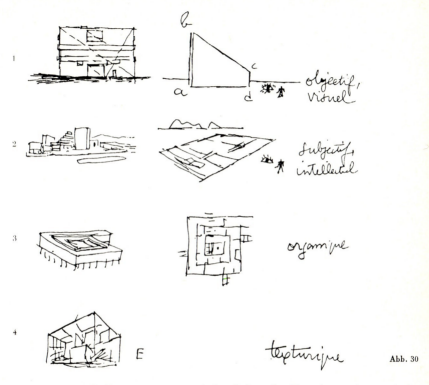

objectif, visuel

subjectif, intellectuel

organique

texturique

E

Abb. 30

1. Das regulierende Liniennetz einer Gebäudefassade. Das Auge nimmt sie in sich auf, wie es soeben das Gemälde durch dessen Form, seine Ausdehnung, Länge und Höhe und seine Winkel in sich aufgenommen hat. Das hier gespielte Spiel ist ein vollkommen und ausschließlich *objektives*.

2. Eine städtebauliche und architektonische Komposition, die mehrere große Bauwerke in einer Landschaft vereinigt. Die Regel zeigt sich erst in zweiter Linie, das Auge sieht nichts wirklich Frontales, da die Bauwerke sich hintereinander stufen und der Boden sich in der Ferne verliert. Trotzdem wird die Regel ihre Wirkungen zeigen, als mehr intellektuelles Erlebnis subjektiver Art.

3. In diesem dritten Fall (dem eines unbegrenzt wachsenden Museums, das aus drei kombinierten Standardelementen gebildet wird: einem Standardständer, einem Standardträger und einer bei Tag und Nacht Licht gebenden Standarddecke, wobei alle Elemente durch ein Verhältnis im Goldenen Schnitt geregelt sind) wird das angewandte Maßsystem das Gefühl einer organischen Einheit ergeben.

4. Zuletzt schafft im vierten Fall, der eine innenarchitektonische Lösung der „Wohneinheit" in Marseille zeigt, die systematische Anwendung der harmonischen Maße des „Modulor" einen einheitlichen Aggregatzustand, den man mit „strukturartig" bezeichnen kann. Wirklich sind alle Außenseiten, die Inhalte der Innenräume, die Flächen der Böden und Decken, die der Wände, der so entscheidende Einfluß der Steinbehauungen an allen Stellen des Gebäudes, bis ins kleinste vom Zusammenhang der Maße bestimmt, und alle Ansichten, und daher alle Erlebnisse, sind miteinander in Einklang gebracht. Bei solchem Vorgehen fühlt man sich den Werken der Natur ziemlich nahe, die sich von innen nach außen entfalten und in den drei Dimensionen alle Einzelheiten, alle einwandfrei harmonisch gewordenen Absichten unter sich einen.

Eine zweite Bilderfolge kann Art und Wert der Beziehungen zwischen Auge und Geist — zwischen dem Zeremonienmeister und dem Hausherrn — genauer aufzeigen:

Während ich „Modulor" denke und von den arithmetischen Reihen der AFNOR träume, ziehe ich es vor, in Zeichnungen zu überlegen:

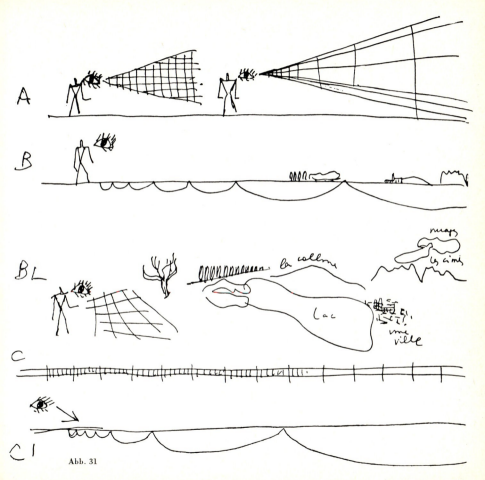

A

B

BL nuage

les cimes

la colline

Lac

une ville

C

Abb. 31

A) zeigt das Auge unseres Biedermannes, auf das sich in Höhe und Tiefe gleiche Elemente verteilen – ein Geheimnis, das sicher nicht wahr ist.

A^1) zeigt einen vernünftigeren Sehkegel.

B) drückt den veränderlichen harmonischen Maßstab der Wahrnehmungsmöglichkeiten aus.

B^1) illustriert diese Annahme: ein Plattenbelag, ein Baum, ein Wald, ein See, eine Stadt, ein Hügel, am Horizont Berge, darüber Wolken usw.

C) beweist, daß diesem Wahrnehmungsvermögen ein bloß arithmetischer Maßstab (Addition) nicht entsprechen kann.

C^1) Wohl aber C^1, das einen harmonischen Maßstab zeigt, der erlaubt, Plättelung, Baum, Stadt, die Gipfel am Horizont, die Wolken in einer einzigen Wahrnehmung zusammenzufassen.

. . . .

Diese ganze Bemühung (um Verhältnis, Maße) ist die Folge einer freiwilligen, uneigennützigen Leidenschaft, eine Übung, ein Spiel, eine Befangenheit, eine Beschäftigung, eine Notwendigkeit und eine Pflicht, eine unaufhörliche Gegenüberstellung, eine Beweisaufnahme, ein Rechtsanspruch auf den eigenen Weg, die Verpflichtung, sich ehrlich und loyal zu fühlen, als Handelsmann einer echten und sauberen Ware ...

Die Tage vergehen darüber, ein Leben verbraucht sich damit, fünf, zehn, fünfzehn, zwanzig, dreißig Jahre Studien über Themen, die vom Bild zur Architektur und zum Städtebau wechseln, zur Logik, zur Dichtkunst führen – sogar zur Symbolik, der Musik der erreichbaren Vollkommenheiten; unaufhörlich wieder aufgegriffen und aufs neue gespielt, damit man sich unaufhörlich trainiert und sein Scherflein mehrt, wie ein Sportsmann, wie ein Akrobat. Auch das Pflichtgefühl (einem ganz natürlichen) sich selbst gegenüber, und dies zu jeder Tagesstunde, abends, morgens. „Wenn ihr eine starke Technik besitzt, so zögert nicht, noch für zwei Sous dazu zu erwerben..." (Ingres zu seinen Schülern). Die Wissenschaft, die Mittel – die KUNST, die Dinge zu gestalten – haben niemals das Talent in Fesseln gelegt, die Muse eingekerkert. Im Gegenteil, sie allein ermöglichen, klar und einfach, den *Ausdruck*. Die KUNST ist die Art, etwas zu gestalten.

*

Aber dieser Anspruch, vor dem Tor der Wunder halt zu machen, wird von unseren Zeitgenossen nicht geschätzt, die zugelassen, entdeckt und ertragen haben, daß die Kunst ... eine flüchtige Liebkosung sei, weil der Wind das Rascheln der Blätter poetisch macht ... Das strenge, ernsthafte, nachhaltige Suchen des Geistes, das sogar in alle Fasern des Kunstwerkes eingeschrieben ist – des griechischen und ägyptischen, des gotischen und indischen – verwirrt die Schwätzer. Daher wird der Augur, der das Lob eines Malers von Schmierskizzen singt, jener Mann, der berufsmäßig jeden Tag über Kunst schreiben muß, folgende brummige Rede halten:

„... Anstatt sich gründlichen Wahrscheinlichkeitsrechnungen hinzugeben, um den Koffer der goldenen Zahl aufzubrechen, entzieht er sich jedem Einbruch und jeder mathematischen Erwägung. Er malt einfach, er erschöpft sich nicht darin, das, was allerdings ein wenig überall geliebt wird, lüstern abzuwandeln."[1]

---
[1] Gaston Poulain, Mai 1945

DARLEGUNG: WERTE UND SPIELE
WERTE

Die unbegrenzten Zahlenwerte:

WERTE AUSGEDRÜCKT IM METRISCHEN SYSTEM				WERTE AUSGEDRÜCKT IM ZOLL-FUSS-SYSTEM	
Rote Reihe: RO		Blaue Reihe: BL		Rote Reihe: RO	Blaue Reihe: BL
Zent.	Meter	Zent.	Meter	Zoll	Zoll
95 280,7	952,80				
58 886,7	588,86	117 773,5	1177,73		
36 394,0	363,94	72 788,0	727,88		
22 492,7	224,92	44 985,5	449,85		
13 901,3	139,01	27 802,5	278,02		
8 591,4	85,91	17 182,9	171,83		
5 309,8	53,10	10 619,6	106,19		
3 281,6	32,81	6 563,3	65,63		
2 028,2	20,28	4 056,3	40,56		
1 253,5	12,53	2 506,9	25,07	304″ 962 (305″)	609″ 931 (610″)
774,7	7,74	1 549,4	15,49	188″ 479 (188″ 1/2)	376″ 966 (377″)
478,8	4,79	957,6	9,57	116″ 491 (116″ 1/2)	232″ 984 (233″)
295,9	2,96	591,8	5,92	72″ 000 (72″)	143″ 994 (144″)
182,9	1,83	365,8	3,66	44″ 497 (44″ 1/2)	88″ 993 (89″)
113,0	1,13	226,0	2,26	27″ 499 (27″ 1/2)	55″ 000 (55″)
69,8	0,70	139,7	1,40	16″ 996 (17″)	33″ 992 (34″)
43,2	0,43	86,3	0,86	10″ 503 (10″ 1/2)	21″ 007 (21″)
26,7	0,26	53,4	0,53	6″ 495 (6″ 1/2)	12″ 983 (13″)
16,5	0,16	33,0	0,33	4″ 011 (4″)	8″ 023 (8″)
10,2	0,10	20,4	0,20		
6,3	0,06	12,6	0,12		
3,9	0,04	7,8	0,08		
2,4	0,02	4,8	0,04	DER ZOLL .... 2,539 cm	
1,5	0,01	3,0	0,03	DER FUSS .... 30,48 cm	
0,9		1,8	0,01		
0,6		1,1			
usw.		usw.			

Sie kommen aus einer einzigen Quelle, dem Maß 113, der Höhe des Solarplexus eines sechs Fuß großen Menschen; dieses Maß läßt folgende wesentliche Variationen zu:

die Verdoppelung,
den verlängerten Goldenen Schnitt,
den verkürzten Goldenen Schnitt.

Das ist unser Lagebericht von 1948, nach sieben Jahren theoretischer Untersuchung und praktischer Anwendung. Ein ABC-Schütze kann in fünf Minuten den Modulor in Gebrauch nehmen; das geht viel leichter als die „Eselsbrücke"!

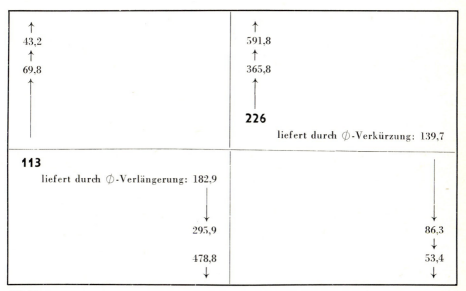

Abb. 32

Jeder Wert stellt eine Stufe des „Modulor" dar.

Diese Stufen sind nur Merkpunkte im Spiel der Werte, die vom „Modulor" geliefert werden können. In Wirklichkeit kann jeder Zwischenraum zwischen zwei Stufen eine Teilung ähnlich der des Ganzen erfahren und dadurch die Unbegrenztheit der Kombinationen erbringen. Zum Beispiel kann der Abstand zwischen 13901 und 8591, der 5309 beträgt, alle Unterteilungen erhalten: 3281 - 2028 - 1253 - 774 usw. Es ist ein nicht endendes Gewebe von Maschen aller Dimensionen – der größten bis zur winzigsten – ein makellos einheitliches Gewebe.

Die linearen Werte der Reihen Rot (RO) und Blau (BL) können, jede für sich, abwechselnde Flächen erzeugen, die, vom Quadrat ausgehend, sich zu immer länger werdenden Rechtecken ausdehnen, bis sie zu einer einfachen geraden Linie verschmelzen. Die Abb. 33 zeigt das Maschennetz RO, die Abb. 34 das Maschennetz BL.

Die Abb. 35 zeigt die beiden Maschennetze RO und BL übereinander gelegt und die Abb. 36 ihre Kreuzungspunkte; wieder kann man daraus die Grundtatsachen der goldenen Regel ablesen, nämlich:

a) den Anfangswert (die Einheit),

b) seine Verdoppelung,

c) seinen Goldenen Schnitt.

In den vorstehenden Abbildungen hat es sich um Längen, Flächen oder Inhalte gehandelt, die von Werten erzeugt werden können, die unmittelbar von der menschlichen Gestalt herkommen. Die Reihe RO beginnt mit Null, sie hört bei 1,828 m (72 Zoll) auf; die Reihe BL beginnt mit Null und hört bei 2,26 m (89 Zoll) auf. Sie enden bei einer Raumeinheit (einem Würfel von 2,26 m Seitenlänge), die verdient, auf dem Gebiet des Wohnungsbaues in Erwägung gezogen zu werden.

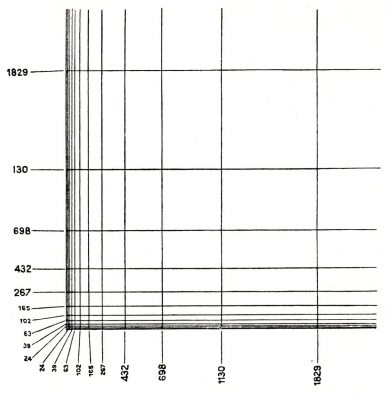

Abb. 33

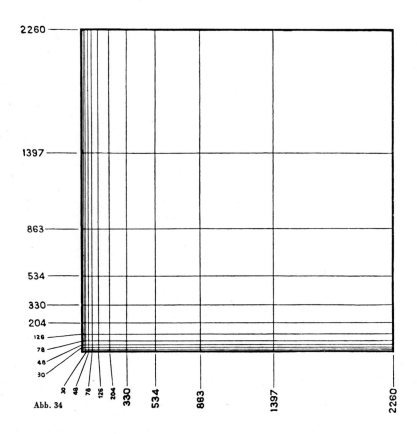

Abb. 34

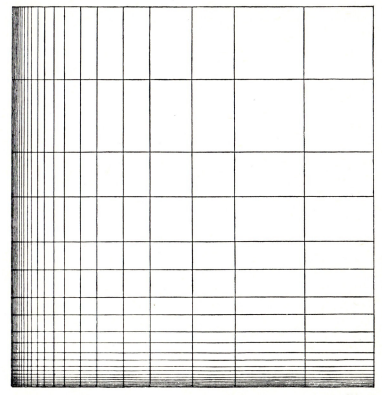

Abb. 35

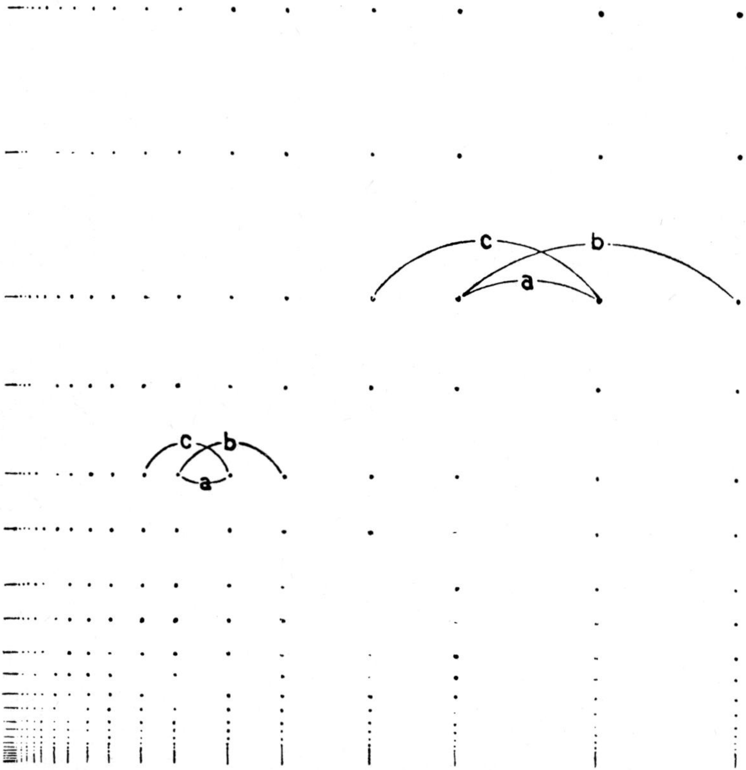

Abb. 36

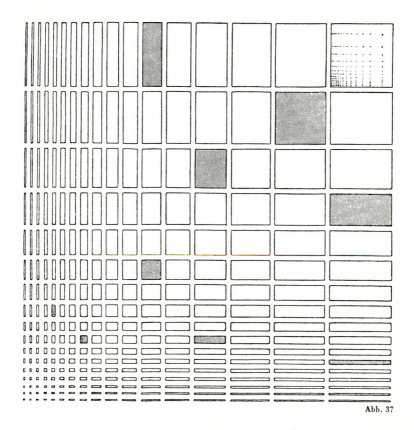

Abb. 37

Das in der rechten Ecke der Abb. 37 liegende Quadrat von 226 wiederholt in kleinem Maßstab das in der Abb. 36 entwickelte Punktbild. Jede Teilfläche der Abb. 37 kann ihrerseits harmonische Teilungen desselben Ursprungs erfahren.

In der gleichen Abb. 37 wurde durch graue Tönungen die Verschiedenartigkeit – sowohl in der Größe wie in den Verhältnissen – der so geschaffenen Flächenelemente deutlich gemacht. Im Zusammenhang damit kann folgender Versuch gemacht werden:

Wir schneiden zum Beispiel (durch die Diagonale) die Hälfte der durch die Abb. 37 gelieferten Flächenelemente aus. Wir versehen diese Elemente mit Ziffern, um uns leicht darin zurechtzufinden[1]. Gruppieren wir diese so verschiedenen Elemente (Abb. 38), so ergeben sich vielfältige Kombinationen. Sowohl die zuerst gefundenen wie die späteren sind ausgezeichnet, denn alle sind aus harmonischen Einzelteilen entstanden.

Einfallsreichtum und Geschmack werden daraus nach Belieben schöpfen und die Gruppierungen vornehmen können, die jedes Gefühl, jede Laune und alle rein rationellen Bedürfnisse zu befriedigen vermögen.

*

Die Erläuterung des „Modulor" in den Hauptpunkten ist geschehen. Der „Modulor" betreut die Längen, Flächen und Körper. Er legt überall den menschlichen Maßstab an, bietet eine unbegrenzte Zahl von Kombinationen, sichert die Einheit in der Verschiedenheit, bedeutet eine unschätzbare Wohltat, ein Zahlenwunder.

---

[1] Um den Versuch zu vereinfachen, wurde von den zu kleinen Flächen, die praktisch keine Ordnungsziffer erhalten konnten, abgesehen.

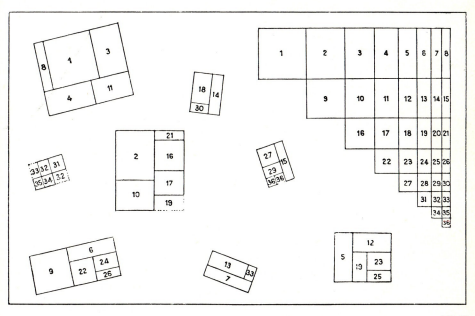

Abb. 38

SPIELE

Abb. 39. – Diese Kombination heißen wir das „Spiel der Füllungen".

Man nimmt zum Beispiel ein Quadrat und unterhält sich damit, es in den „Modulor"-Maßen zu unterteilen. Dieses Spiel hat kein Ende.

Ebensogut könnte man sich auch damit unterhalten, herauszufinden, welches die befriedigendsten, das heißt die schönsten Kombinationen sind.

Abb. 40. – Das „Spiel der Füllungen" wird weitergespielt.

In a) sieht man ein Quadrat, das man durch fünf Arten verschiedener, nach dem „Modulor" abgemessener Flächen unterteilt. Es ergibt sich ein erstes Los von 16 Kombinationen.

b) zeigt ein Quadrat, das man durch vier Arten verschiedener, nach dem „Modulor" abgemessener Flächen unterteilt. Auch hier ergibt sich ein erstes Los von 16 Kombinationen.

c) zeigt ein Quadrat, das man durch drei Arten verschiedener, nach dem „Modulor" abgemessener Flächen unterteilt. Man erhält ein erstes Los von 16 Kombinationen.

Abb. 41. – Das Spiel geht weiter, man läßt aber Ausgangsquadrate von 2,26 m (89 Zoll) Seitenlänge variieren. Zum Beispiel so:

a) Das Quadrat 2,26 m und seine Hälfte 1,13 (44¹/₂ Zoll). (Die Kombinationen sind darunter gezeichnet.)

b) Das Quadrat 2,26 m (89 Zoll) und sein Goldener Schnitt 1,397 (55 Zoll).

c) Der Grundwert 1,828 m (72 Zoll).

d) Der Goldene Schnitt des Grundwertes 2,26 m (89 Zoll), also 1,397 m (55 Zoll).

e) Der Goldene Schnitt des Grundwertes 1,13 m (44¹/₂ Zoll), also 0,698 m (27¹/₂ Zoll).

f) Der Grundwert 2,26 m (89 Zoll) und seine Hälfte 1,13 m (44¹/₂ Zoll).

g) Der Grundwert 1,828 m (72 Zoll) und 1,397 m (55 Zoll).

h) Der Grundwert 1,13 m (44¹/₂ Zoll), also 1,13 m (44¹/₂ Zoll).

i) Der Goldene Schnitt des vorhergehenden Grundwertes verdoppelt, also 2×0,698 m (2×27¹/₂ Zoll).

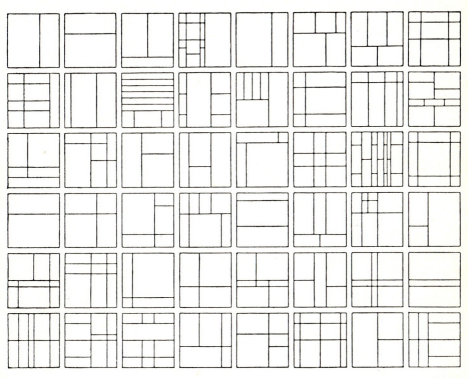

Abb. 39

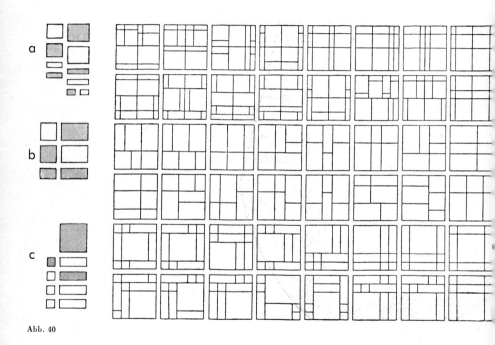

a

b

c

Abb. 40

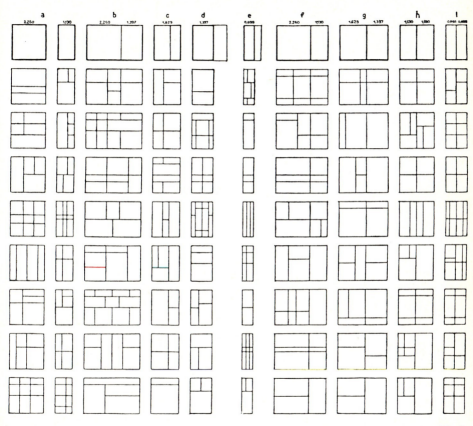

Abb. 41

Der wunderbare Reichtum an harmonischen Kombinationen entwickelt sich weiter. Er hat keine Grenzen.

Es handelt sich nur noch um die Frage der Auswahl, der Bedürfnisse, der Mittel der Ausführung, in einem Wort um die eigentlichen Gegebenheiten des Problems.

*

Das „Spiel der Füllungen" zeigt als erfreuliches Ergebnis, daß im Schoße dieser unfehlbaren Geometrie – die man auch unerbittlich heißen könnte – die Persönlichkeit sich in aller Freiheit durchsetzt. Die Füllungsspiele Hannings waren besonderer Art. Die gleichzeitig von de Looze am 18. Juli 1944 entwickelten hatten einen andern Charakter[1]. Auch die von Préveral von 1946 sind anders. Es sind Urkunden, die Tests sein könnten einer Art Graphologie des bildnerischen Gefühls des Einzelnen, der psychophysiologischen Reaktionen jedes Spielteilnehmers. Hanning, de Looze, Préveral sind Zeichner im Atelier der Rue de Sèvres; vor dieselbe Aufgabe gestellt, kamen sie zu verschiedenen Ergebnissen.

Nebenbei ein paar Bemerkungen über die Füllungsspiele von de Looze:

Zunächst ging er in A) der Abb. 42 von einer wachsenden Reihe von fünf Flächen aus, die in der Architektur zur Herstellung von Glaswänden oder Holztäfelungen

---

[1] Damals donnerten die Kanonen auf den Straßen der Befreiung von Paris. (Die Füllungen Hannings sind aus den Akten verschwunden.)

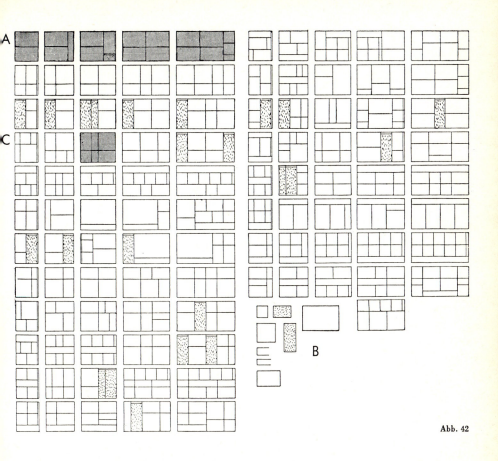

Abb. 42

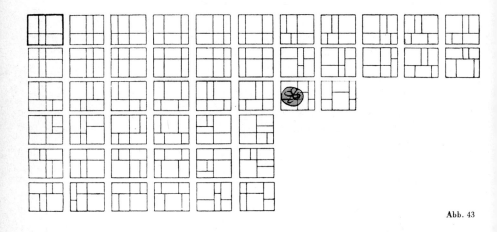

Abb. 43

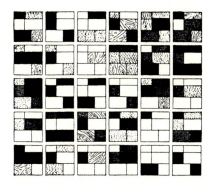 

Abb. 44

geeignet sein konnten. 101 Kombinationen ergaben sich durch die Anwendung (B) von fünf Feldern P^1, P^2, P^3, P^4, P^5 und zwei Bandbreiten b^1 und b^2.

(Anmerkung: Die punktierten Felder stellen Türen von 205 cm Höhe dar, mit einem verfügbaren Ausgleich für einen eventuellen Lichtkasten.) (Der „Modulor" liefert Inhalte – Volumen auf der Basis von 2,26 m. – Bis auf weiteres behalte ich für die Türen das seit zwanzig Jahren in unsern Bauten gebrauchte Maß von 190 bis 205 bei, das einen bequemen Durchgang gewährt. Hier spielen Nuancen mit, persönliche Gesichtspunkte, persönliche Auslegungen des „Modulor", seiner Beschränkungen und seiner Freiheiten.)

Wir sind also auf 101 Kombinationen gekommen, eine Zahl, die nur die Aufnahmegrenze unseres Papierblattes ausdrückt, nicht aber die der Phantasie.

Zuweilen erscheinen „Rückstände", die vom Architekten beabsichtigt und auch ausgenützt werden können. Oben wurde gezeigt, wie sie sich in die kleineren Werte einreihen lassen und in das Ganze einfügen.

Wir wollen das Spiel fortsetzen, über das „Tor der Wunder" hinaus, das poetische Zeichen, das mir erlaubte, die blendende Pracht der Zahlen allen zu vermitteln, die ein Anrecht darauf haben.

In C) der Abb. 42 wählen wir auf gut Glück ein Element unter den 101 Elementen aus. Und indem wir an der Wahl der fünf Felder und zwei Bänder des vorhergehenden Spiels festhalten, beginnen wir von neuem zu spielen: 48 Kombinationen gelingen (Abb. 43), alle sind harmonisch und für den Architekten annehmbar und verwendbar.

101 Felderkombinationen (Abb. 42), von denen jede 48 neue Felderkombinationen liefert (Abb. 43), das ergibt 4848 Kombinationen, aus deren Fülle man je nach Laune des Geschmacks, des Programms, der Umstände wählen kann, usw.

Noch ein Spiel:

Der Abb. 43 entnehmen wir die durch eine graue Scheibe bezeichnete Kombination. Wir wählen fünf verschiedene Materialien, die wir in die Kombination einsetzen, mit dem Ergebnis, daß eine Reihe von 30 Kombinationen (Abb. 44) das Papier bedeckt . . .

*

Hier beende ich diese Spiele. Denn wenn Sie „Modulor spielen" wollen, können Sie damit viele reizende Stunden, ja Wochen und Monate verbringen. Herrn Mougeot, den ich schon erwähnte, vertraute ich auf vierundzwanzig Stunden das Aktenbündel „Modulor" 1946" an; in seinem düsteren Büro in „Down-Town", an einem jener glühenden New Yorker Sommertage, ließ er sich von dem Spiel einfangen: „Ich habe Ihre Mappe um neun Uhr morgens aufgemacht. Ich fing zu rechnen, zu zeichnen an. Kurz und gut, um sechs Uhr abends merkte ich die boshafte Flucht der Zeit . . ."

2. Teil

PRAKTISCHE GEGEBENHEITEN

Kapitel 4
Stellung
des
Modulor
in
der Gegenwart

WIR wollen das gesteckte Ziel nicht aus den Augen verlieren: Die Flut der Erzeugnisse in der Welt harmonisch gestalten. Sie werden in einer Weltvorausfertigung organisiert werden; in der Geschichte der Menschheit wird diese Entwicklung von großer Bedeutung sein.

Normen, was zwar das *Risiko* der Willkür in sich schließt, auf der andern Seite aber die Produktionsverfahren bedeutend verbilligt.

Noch mehr: den mörderischen *Irrtum vermeiden*, daß Normungen durch die geringste Anstrengung und durch gegenseitige Zugeständnisse zu erreichen seien.

Das Versprechen erfüllen, immer harmonisch, verschiedenartig, elegant anstatt banal, langweilig und abstoßend zu sejn.

Und schließlich: das Hindernis beseitigen, das aus den unvereinbaren Maßen Meter und Fuß-Zoll entstanden ist.

*

Um uns kurz zu fassen, unterbreiten wir dem Leser drei Dokumente, die das Wesentliche der Frage enthalten:

1. Paris, 21. Juni 1944, ASCORAL, Abteilung 3b: *Normung und Bau:* Darlegung des Themas vor den Mitgliedern der Abteilung durch eine Inhaltszusammenfassung des Buches, das ihre Arbeit krönen soll.

2. New York, Januar 1946: eine Unterredung mit Herrn Kayser.

3. Paris, 14. Februar 1946: ein Blatt mit Anweisungen an die ATBAT L.-C.

*

(ASCORAL, Abteilung 3b: Normung und Bau)

DARLEGUNG DES THEMAS

Eine Regel

Normung: den Zustand der Regel erreichen; das Prinzip aufdecken, das als Regel dienen kann.

Die Behörden schalten sich ein, sie nehmen ein Prinzip und Abmessungen an, die Ordnung in die Dinge bringen sollen: eine Entscheidung, die als willkürlich angesehen werden könnte. Sie wäre in der Tat willkürlich, wenn sie sich vor der Mehrzahl (dem Verbraucher) beugen würde, wenn sie nicht das Gesetz des Geistes und der Vernunft, der geistige Ausdruck und das Ergebnis der materiellen Gegebenheiten wäre.

Das Bauhandwerk verwendet Materialien, die den Vorteilen und Nachteilen ihres eigenen inneren Gesetzes unterworfen sind, nach Methoden, welche die beste Verwirklichung des geplanten Objektes anstreben.

Die Arbeit dieser Abteilung 3 der ASCORAL ist also der Untersuchung von Regeln gewidmet.

Die oben als *willkürlich* bezeichnete Entscheidung wird die der ASCORAL sein. Sie wird eher eine *schiedsrichterliche* Entscheidung sein – manche wenigstens werden sie dafür halten. Die ASCORAL – „Vereinigung von Baumeistern für eine Erneuerung der Architektur" (Assemblée de Constructeurs pour une Rénovation Architecturale) – darf in dieser Stunde der ärgsten Verwirrung[1] als Schiedsrichter betrachtet wer-

---

[1] An jenem Tag war Frankreich noch nicht befreit. Die Architektur ist noch gefangen in Volkskunst-Deklarationen und Handwerksträumen und haßt die neuen Verfahren . . ., „die so viel Unheil angerichtet haben"!

den. Nicht als *der* Schiedsrichter, aber als ein Schiedsrichter. Eine Haltung, der beistimmen wird, wer mag, der auf alle Fälle diejenigen beistimmen werden, deren
Gesichtskreis sich vom Besonderen zum Allgemeinen, zur ASCORAL-Regel erweitert
hat. Und das genügt!

DIE AUFGABE

Die Wohnungsausstattung ist die Aufgabe, welche die Begründung einer echten „Wissenschaft des Wohnens" fordert.

1. Die Wohnung ist der Eckstein einer Zivilisation.

2. Die Wohnung der Maschinen-Zivilisation:

    – das Programm: a) der Junggeselle;
                          b) das Ehepaar;
                          c) die vielköpfige Familie;
                          d) der Nomade (Hotelgewerbe);

    – die Funktionen;
    – die Möbel und Geräte;
    – die Grundlagen des Entwurfs: 1. Grundriß,
                                              2. Schnitt,
                                            3. Abwicklung der Wände.

3. Die Ergänzungen der Wohnung:

    – innerhalb des Bauwerks:
    – die „Gemeinschaftseinrichtungen" als Hilfsmittel des häuslichen Lebens
    (Erleichterung der Bürde der Hausfrau: Lebensmittelversorgung, Haus-
    arbeit, Zubereitung der Mahlzeiten);
    – außerhalb des Bauwerks:

- Trennung von Fußgängern und Kraftwagen;
- der Sport vor den Häusern;
- die zusätzlichen Dienste (Gesundheitswesen, Kindergärten, Elementarschulen, Jugendwerkstätten);
- Sonne, Raum, Grünflächen (Wiedergewinnung der Nervenkraft).

DAS MITTEL: DIE INDUSTRIALISIERUNG

Voraussetzungen der Industrialisierung:
1. Zustand der Räume (Lüftung, Heizung, Kühlung);
2. Bauvorschriften: Bebauungsplan;
3. Verfügbare Techniken (Glaswand und Sonnenschutz, Pfeilerwerk);
4. Vorausfabrikation: Serienhäuser, Serienteile.

EINE ZIVILISATION

Der Architekt allein ist imstande, den Einklang zwischen dem Menschen und seiner Umgebung herzustellen (der Mensch = eine Psychophysiologie; die Umgebung = das All: Natur und Kosmos).

Die Physik des Weltalls wird von den technischen Verfahren reflektiert. Sie sind Eroberungen, die dem Scharfsinn und der List des Menschen zu verdanken sind, der sich weigert, inmitten der teilnahmslosen und unerbittlichen Geschehnisse in Natur und Kosmos die Rolle des Besiegten zu übernehmen. Es bleibt ihm die Wahl zwischen dem vegetativen Leben des Hirten inmitten seiner Herden (einem Leben, das Größe haben kann) und der Teilnahme an der Maschinenzivilisation, die berufen ist, die einfache, allmächtige Harmonie durch die Tat, durch Mut und Kühnheit, Spiel und Anteilnahme zu verwirklichen. Die Güter sind erreichbar; sie werden reich und vielfältig sein. Die Welt der Erzeugnisse steht uns offen.

Die Wirklichkeit der Industrie bedeutet: Fülle, Genauigkeit und Leistungskraft.

Die menschliche Arbeit, der Gebrauch der Maschinen, die Wohltaten der Organisation werden das Rad (den Zyklus der Erzeugungen) drehen und uns die materielle und geistige Nahrung erreichbar machen.

Eine neue Zivilisation wird durch das Wirken ihrer eigenen Empfindlichkeit, ihrer Vernunft, ihrer erfinderischen Hände und ihrer Werkzeuge (der Maschinen) ihre Vollendung finden.

Die Normung vermindert die Hindernisse, fegt sie hinweg vor der Herrschaft der Regel.

KUNST DES WOHNENS

Dann wird das ewige Geschehnis der Geschichte sich von neuem wiederholen: *die Schaffung einer Wohnung* als Werk der menschlichen Erfindungsgabe: Ethik und Ästhetik zugleich. Als Werk auch des Scharfsinns: „die Großindustrie bemächtigt sich des Wohnungsbaues"! Mensch und Maschine bringen sich in Einklang; Empfindungsvermögen und Mathematik, die Zahlen, bringen die Ernte der wunderbaren Verbindung ein: das Gitter der Proportionen.

Diese neue Kunst des Wohnens wird durch die Bemühungen der Menschen mit Herz geschaffen, aber durch Eigennutz, Trägheit und Eitelkeit umstritten und bekämpft werden. Es wird dann nur übrig bleiben, sie zum Mittelpunkt der städtebaulichen Bemühungen, zur Beherrscherin des Wohnungsbaus zu dekretieren. Durch das Gesetz. Die Bauordnungen werden genügen, die Reform zu stützen, sie durchzusetzen und richtig zu leiten . . .

Man kann auf diesem Gebiet viele Sicherheiten erreichen . . .

Und festhalten!

. . . .

Das war im Juni 1944 der Hauptinhalt des Buches, das die Arbeit der Abteilung 3b der ASCORAL: *Normung und Bau* krönen sollte.

II

New York, Januar 1946

Eine Unterredung mit Herrn Kayser im Rockefeller Center

– „Herr Kayser, Sie haben den USA eine Transportflotte gegeben, die durch Organisation und Disziplin in einem Augenblick geboren wurde: die Liberty-Schiffe. Heute planen Sie den Bau von täglich zehntausend Wohnungen, um dem ungeheuren Mangel zu begegnen, der das Land bedrückt. Und vielleicht auch, um mit diesen Wohnungen Ihre Liberty-Schiffe zu beladen und sie nach den zerstörten Gebieten Europas zu schicken.

Sie gehen zur Vorausfabrikation über.

Der Standard ist der Weg zur Vollkommenheit.

Gegen den Akademismus schwingen wir heute die *Waffe des menschlichen Maßstabs;* er soll aufs neue ein Gebiet des Bauens beherrschen, das der Willkür der Programme und der Dimensionierungen anheimgefallen war.

Dieser Punkt wird wieder die Gleichung aller großen Bauepochen herstellen, *die Einheit,* die wir im Jahr 1928 durch die Formel ausdrückten:

> ‚Das Haus – ein Palast;
> der Palast – ein Haus.‘

Das soll heißen, daß ein Haus, das seine Pflichten erfüllt, die bloße Zweckmäßigkeit weit hinter sich lassen und die Würde eines Palastes erreichen kann: die Größe liegt in den Absichten, nicht aber in den Abmessungen. Umgekehrt hat ein Palast die

Verpflichtung, den bescheidensten Notwendigkeiten ebenso gerecht zu werden wie ein einfaches Haus; auch er soll, so vornehm er sein mag, in Demut *dienen*.

Jene Gleichung enthält einen Schlüssel: die Proportion, die das Lächeln der Dinge birgt.

Der Krieg, der alles auf seinem Weg vernichtete, wurde im vergangenen Jahr beendet. Schon der erste Krieg 1914–18 hatte die Länder mit Ruinen bedeckt. Regellos und disziplinlos hatte man wieder aufgebaut. Genau in dieser mittelmäßigen Zeit zwischen den beiden Kriegen 1918–39 war angesichts des angerichteten Unheils die Kunst zu bauen wieder erwacht und hatte brauchbare Männer und Techniken gefunden. Zwischen 1920 und 1945 hatten in immer wiederholtem Ansturm einige gefordert, *‚daß die Großindustrie sich des Bauwerkes annehme'*. Ein Ziel, das geeignet war, eine neue Periode in der Baukunst, im Städtebau und im Leben der Gesellschaft zu eröffnen. Aber der Vorschlag der Pioniere wurde in der Alten Welt und *auch bei Ihnen in den USA* im Namen der Würde, der Kunst und der Schönheit, ja im Namen des Vaterlandes wild bekämpft!

Doch die Idee machte ihren Weg. Der Krieg (schon der von 1914–18) hatte die gewaltige Kraft der Serienherstellung bewiesen. Es erwies sich als notwendig, *Serienhäuser* zu bauen und *Serieneinzelteile* herzustellen. Eine Aufgabe, die dem Architekten und Städtebauer außerordentliche Probleme stellt.

Das Haus brauchte nicht mehr in Sonne und Regen die Arbeit eines saisonbedingten Handwerks zu sein, sondern könnte nach den großen Regeln der modernen Arbeitsorganisation hergestellt werden. Das Haus und seine Teile könnten *vorausgefertigt* werden.

Wer *Vorausfertigung* sagt, sagt automatisch: *Dimensionierung*. Hier sind wir im Herzen des Themas, Herr Kayser. Wie haben Sie Ihre Liberty-Schiffe dimensioniert? *Nach dem menschlichen Maßstab*. Ergo . . .! In der Welt gibt es zwei Hauptmaße: den „*Fuß-Zoll*" und den *Meter;* sie teilen den Planeten in nahezu unversöhnliche Verfahrensweisen und stellen unheilvolle Hindernisse auf. Die angelsächsische Welt gebraucht das Zoll-Fuß-Maß, das dem Dezimalsystem fremd ist und Rechnungen von unerhörter Schwierigkeit nötig macht, wenn es um die Feinheiten industrieller Produktion geht. Im übrigen Teil der Erde herrscht der Meter. Ich bin ihm ernstlich böse, dem Meter (dem vierzigmillionstel Teil des Erdmeridians), daß er sich in dieser Weise substanzlos gemacht und sich vollkommen (und so unglücklich und so gefährlich) außerhalb des menschlichen Maßstabes gestellt hat. Der Meter und der Fuß-Zoll sind Nebenbuhler. Die Industrieerzeugnisse werden wandern, die Ozeane überqueren, ihre Begegnung, ihr Nebeneinander wird daher voll unsicherer Faktoren sein. Mir wurde folgende Äußerung eines Interpellanten im Geheimausschuß des französischen Senats (mitten im Krieg, am 14. März 1940) berichtet: „. . . Ich bedauere, daß Ihre Bemühungen um die Annahme einheitlichen Materials und einheitlicher Munition für die beiden Armeen (die englische und die französische), die erlauben würden, die Waffen der einen Armee mit der Munition der andern zu versorgen, keinen Erfolg hatten. *Wir kennen die Schwierigkeiten, die daraus erwachsen, daß England noch nicht das Dezimalsystem angenommen hat . . .*' Was ein Verhängnis in der Zeit des Krieges war, ist nicht weniger eines in der Stunde fruchtbarer Friedensarbeit. Herstellung und Vorausfertigung brauchen ein der ganzen Welt gemeinsames Maß, und dieses Maß sollte harmonisch sein.

Das sind die Dinge, Herr Kayser, worüber ich, als vom Minister des Äußern ernannter Präsident der französischen Architektur- und Städtebaumission, Sie nach meiner Ankunft in New York aus Frankreich unterhalten wollte."

. . . .

14. FEBRUAR 1946: EIN BLATT MIT ANWEISUNGEN FÜR DIE ATBAT L.-C.

1. Bei der Vorbereitung der Pläne eines Wohnungsmustertyps (einer Wohnungs-
einheit gleichförmiger Größe) ist eine goldene Regel im menschlichen Maßstab (der
„Modulor") zu verwenden.

2. Architektur: a) Längen;
                 b) Fußböden und Täfelungen, Wände und Decken;
                 c) Höhen;
                 d) Rauminhalte.

3. Architektur: Wohnungszelle oder Siedlungshäuschen bzw. Haus.

4. Architektur: Zellen oder Häuschen.

5. Zellen und Häuschen (Kombinationen).

6. Architektur: Füllungen: a) Wände;
                           b) Decken;
                           c) Böden.

7. Architektur und Städtebau.

8. Architektur und Ingenieurbau (Skelett).

Dieses Blatt mit Anweisungen für die Techniker zeigte die Nützlichkeit und Wohltat der Einführung harmonischer Dimensionierungen an allen bedeutungsvollen Stellen des Werkes (einer großen Wohneinheit, die 1500 bis 2500 Personen aufnehmen
kann).

Nachdem diese Arbeit seit fünfundzwanzig Jahren (1922) vorbereitet und im
Laufe der Jahre zehnmal auf den Werkplatz zurückverwiesen worden war, führte sie
endlich zu dem gegenwärtig in der Ausführung begriffenen Bau in Marseille, bei dem

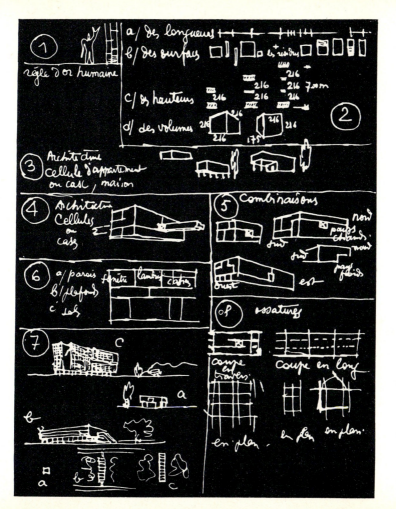

Abb. 45

die fortschrittlichsten Methoden der Bautechnik angewandt werden. Vorausnehmend teile ich schon jetzt mit, daß dieses große, außerordentlich verwickelte, mit größter Genauigkeit durchgeführte Bauwerk alles in allem von nur *fünfzehn Maßen* bestimmt wird. Von Maßen des *„Modulor"* . . .

IV

EIN ZEITPROPLEM: DIE VERTEILUNG

Der folgende Hinweis auf die Verpackungen, auf englisch die „containers", ist von großer Bedeutung. Das englische Wort ist recht brauchbar, weil es das Frühstück des amerikanischen Soldaten während des Krieges bezeichnet, die Nahrungsmittelpakete aus USA nach dem Krieg, die Lebensmittelfrachtkisten und die Obst- und Gemüsegitter. Die ganze Frage befindet sich in einem charakteristischen Stadium: die Direktion der S.N.C.F. (Nationale Französische Eisenbahngesellschaft) lädt ihre Benützer (Landwirte, Kolonisten usw.) in Frankreich, Algerien, Tunis, Marokko durch eine umfangreiche Werbung ein, *„die allgemeine Prüfstelle der S.N.C.F. für Verpackungen, mit ihren Spezialeinrichtungen zur wissenschaftlichen Untersuchung des Verhaltens von Packungen beim Transport"* zu Rate zu ziehen. In Izmir in Kleinasien (von wo ich vor ein paar Tagen zurückkam) laden die Frachter Kisten mit getrockneten Feigen und Trauben. Von Interesse wäre die Frage nach den Kisten, in denen Schreibmaschinen und die andern zahllosen Erzeugnisse der menschlichen Industrie versandt werden: Bücher, Textilien, Maschinen. Dazu kommen die zahlreichen Formen der

Koffer, Köfferchen und Handtaschen der Reisenden. Und eine weitere Reihe von *Behältern* (containers): die Lieferwagen und Eisenbahnwagen, die Laderäume der Frachter und Postdampfer und der „Frachtflugzeuge" (der Zukunft) usw. . . . Für die Herren Architekten und Ingenieure die Räume der Lagerhallen, die Abmessungen der Schuppen, Docks usw. . . . Die Liste hört nicht auf, ist unbegrenzt.

Wir leben in einem *Zeitalter der Solidarität*, leider ist es noch nicht die der mitfühlenden Herzen, sondern die der rücksichtslosen wirtschaftlichen und technischen Mittel. Und hier stellt sich die Frage! Ein Beispiel: die Markthallen mancher Städte sind die wunde Stelle der Stadtplanung, die Geißel des Verbrauchers und die Ursache skandalöser Verschwendung durch unnütze Transporte. Schon 1922 habe ich vorgeschlagen, die Markthallen durch den Bau der „Wohneinheiten gleichförmiger Größe" zum Verschwinden zu bringen; nach zwanzig Jahren unaufhörlicher Vorschläge, Richtigstellungen und Anwendung des Prinzips in zahlreichen Stadtplanungen beginnt der Gedanke Wirklichkeit zu werden: in Marseille ist heute eine solche Einheit im Bau, und Marseille ist die einzige Stadt der Welt, die je einen Versuch solchen Umfangs gemacht hat. Die Genossenschaftsernährung wird dort eintausendsechshundert Münder versorgen; die Nahrungsmittel gelangen unmittelbar von den Erzeugungsorten dorthin. Zwanzig Jahre lang war dies ein bloßes Hirngespinst. Die Jahre 1940–44 sahen die deutsche Besetzung; Paris wäre Hungers gestorben, wenn sich nicht die unmittelbare Familienversorgung spontan gebildet hätte – das Heimpaket, in dem Butter, Würste, Speck, Obst, Gemüse und Kartoffeln unmittelbar von den Feldern in die Speisekammer des Privatmannes, in jede Wohnung gelangten, ohne erst durch gedungene Hände zu wandern. Der direkte Weg bewies seinen praktischen Wert durch ein gutes Funktionieren. Diese Abschweifung geschieht nur, damit der Leser im Lauf einer notgedrungen gedrängten Darstellung nicht den Atem verliert. Wenn der Beweis von Marseille erbracht sein wird, könnten die Pläne von Saint-Dié, La Rochelle, Saint-Gaudens wieder Oberhand gewinnen, die von den vereinigten Entrüstungsschreien der Kriegsgeschädigten, der Kommunisten, der kleinen Hausbesitzer, der Bürger und der großen Familien, alle einig in ihrem leidenschaftlichen Widerstand, voll Abscheu abgelehnt worden waren. Ist dies alles nur ein Hirngespinst? Lesen Sie die ganze Werbeseite in *La France d'Outremer:* „– Allgemeine Prüfstelle der S.N.C.F. für Verpackungen, mit Spezialeinrichtungen zur wissenschaftlichen Untersuchung . . .“

LA CHAINE *Nord-Africaine* DU FROID

Abb. 46

122

Abb. 47

Vergleichen wir einige Zahlen:

Die Werbung der S.N.C.F. schlägt Abmessungen für die *vereinheitlichten* großen und kleinen Gitter vor (als Innenmaße); der „Modulor" schlägt (lieber als Außen- denn als Innenmaße, um die „isotropen" Stapelungen zu ermöglichen) ziemlich ähn- liche Maße vor:

S.N.C.F.	„Modulor"
55/28 cm	53/27 cm
55/33 cm	53/33 cm
55/37 cm	53/43 cm

und Höhen von:

| 6, 8, 10, 12, 15, 18, 22, 26 usw. | 6, 8, 10, 13, 16^1/$_2$, 20, 27. |

Für die einheitlichen Rahmenkisten:

| 55/37 (innen) | 53/37 cm. |

Für die Florida-Kisten:

		S.N.C.F.	„Modulor"
Länge	. . . .	63	70
Breite	. . . .	29	29
Höhe	. . . .	28	28

Der „Modulor" würde also durch seine Außenmaße Stapelungen ohne jeden Zwischenraum erlauben. Die obenstehenden Zahlen zeigen, daß es Verständigungs- möglichkeiten gibt.

Anmerkung. – Nicht ohne Interesse ist es, diese Vorschläge, die von Zufälligkeit geradezu mathematisch entfernt scheinen, etwas näher zu betrachten. Vor drei Tagen ist in Frankreich das Gesetz FARGE in Kraft getreten: Vergehen auf dem schwarzen Lebensmittelmarkt können mit dem Tode bestraft werden: einige Roßtäuscher, Schlächter, Schieber, Viktualienhändler sehen jetzt dieses Damoklesschwert über sich hängen (Mitte Oktober 1948). Die von den Konsumgenossenschaften – jede Wohneinheit würde eine besitzen – sichergestellte Lebensmittelversorgung würde mit einem Schlag die Umtriebe der Hungerspekulanten zunichte machen. Aber zu viele Eigeninteressen stellen sich dem entgegen, von der unausrottbaren Trägheit ganz abgesehen. Die Marseiller Wohneinheit, die bereits dem Himmel des Mittelmeers entgegenstrebt, zählt außer denen der Lebensmittelversorgung mehr als zwanzig gemeinsame Dienststellen, die dazu bestimmt sind, die häusliche Sklaverei der Hausfrau zu unterbinden, aber auch dazu, in eine dunkle, undankbare Periode der maschinellen Entwicklung die Gewißheit der Lebensfreude zu tragen und die Aussicht, bald ein Heim gründen und Kinder aufziehen zu können. Es ist gut, zu wissen, daß die Utopie nie etwas anderes ist als die Wirklichkeit von morgen, und daß die Wirklichkeit von heute die Utopie von gestern war.

So schwamm die Wohneinheit von Marseille seit der Befreiung, seit der Schaffung eines Ministeriums für Wiederaufbau und Städtebau im Jahre 1945, auf den stürmischen Wogen dieser Jahre pathetischen Suchens nach sozialem Gleichgewicht; sie hat zehn aufeinander folgende Ministerien für Wiederaufbau und Städtebau erlebt und jedesmal die Unterstützung des Ministers gefunden, der das Amt übernahm, mochte er zur Rechten, zur Mitte, zur Linken oder äußersten Linken gehören. Einer solchen Beständigkeit in der Verwirklichung einer der entscheidendsten, in der ganzen Welt gestellten Zeitfragen: „Wie wohnen?" schuldet man, mit Ehren ein Land zu nennen, das der Fremde zu eilig als frivol und unbeständig einschätzt. Dieses Land ist im Gegenteil ernst und beständig, nur das Zufällige ist flüchtig und ungeordnet. Nachstehend die Reihenfolge der sieben Minister für Wiederaufbau und Städtebau, die das Unternehmen von Marseille gegen zuweilen gefährliche Stürme ohne Unterbrechung gestützt und verteidigt haben; es sind die Herren Raoul Dautry, François Billoux, Meyer, Charles Tillon, Letourneau, Coty und Claudius Petit.

*

Es gibt noch einen andern „container", einen Menschenbehälter: das Baugerüst.

Einen Teil dieser Frage löst der „Modulor" a priori: das *Innengerüst,* indem er eine Raumhöhe von 2,26 m vorschlägt, die an gewissen Stellen verdoppelt werden kann $(226 + 33 + 226 = 485)$; die Innenarbeiten des Bauwerks können, was von Wichtigkeit ist, von jetzt ab ohne Gerüst ausgeführt werden.

V

WELTEINHEIT UND FRIEDEN

„Jeder Gedanke, jede Bemühung im Sinne eines besseren Verständnisses zwischen den Menschen und einer Annäherung der Völker, jede Tat, die dazu beiträgt, das Bewußtsein von der Einheit der Welt zu stärken, ist ein kostbarer Wert . . ."

Dieser richtige Ausspruch steht in einem Manifest mit dem Titel „STOP WAR", Nr. 2, vom Juni 1948.

Der Kongreß von Wroclaw wurde im August abgehalten; er sollte Friedensgedanken proklamieren. Ich bin nicht dorthin gegangen, weil mich eine tägliche Aufgabe festhält, die alle meine Kräfte in Anspruch nimmt: *bauen,* und weil ich als erklärter Mann der Tat versichert habe: ich bleibe auf meinen Bauplätzen, in meinem Atelier, bei meinen Plänen, dort, wo ich mich als Mann der Tat bestätigte und meinen Ruf erwarb. Ich bleibe den Grundtatsachen meiner Kunst verbunden (Biologie, Natur- und kosmische Gesetze, Technik und Geophysik), ich bleibe hartnäckig einer Wirklich- keit hingegeben, die von politischen Leidenschaften frei ist. Auch die ASCORAL ging diesen Weg und konnte seit 1942 „Die drei menschlichen Voraussetzungen"[1] herausgeben, 1943 auch eine Karte Europas, die auf den modernen Gegebenheiten des zeitgenössischen Arbeitens aufgebaut ist (in Wirklichkeit wurde sie erst nach der Befreiung veröffentlicht). Diese Karte zeigt von neuem die ahnungsvollen Wege der Vorgeschichte, die der Geographie und Topographie eingeschrieben wurden, damals, als die Menschen noch nicht innerhalb ihrer politischen Grenzen erstickten; sie öffnet die Wege zum Frieden durch die – von den Naturgesetzen gebotene – Organisation der Arbeitsstätten und Arbeitsbedingungen, eine Aufgabe, die eines Tages Beachtung finden und durch die einzige Forderung gekennzeichnet werden muß, auf der sich die zweite Phase der Maschinenzivilisation aufbauen läßt: *der Freude am Dasein*[2].

Die Parzellen der Bodenbewirtschaftung, die Industrieanlagen, die strahlen- förmigen Handelsstädte bieten dem Suchenden die Möglichkeit, auf dem gesamten Gebiet des Bauens günstige Abmessungen einzuführen.

Der „Fuß-Zoll" verkörpert die schöne Vergangenheit des menschlichen Helden- liedes.

Der Meter bringt die von der französischen Revolution proklamierte Befreiung und das Hilfsmittel des Dezimalsystems.

Inmitten der Zivilisation des Telegraphen, des Rundfunks, des Flugzeugs, in der, über die Nationen hinweg, alles im Fluß und alles verbunden ist, erscheinen deutlich die drei menschlichen Voraussetzungen: Ernährung, Ausstattung, Verteilung. Alles fließt,

---

[1] „Les Trois Etablissements Humains", ein Buch der Abteilung Arbeit und Muße.

[2] Diese Karte wurde von der ganzen französischen und übrigen Presse totgeschwiegen: sie entsprach keinem der gegenwärtig vorhandenen, einander bekämpfenden politischen Programme.

alles verbindet sich wieder; der Zusammenhang wird wiederhergestellt und vertreibt die Feindschaft.

Ordnung in den Maßen ist die Tagesordnung der Gegenwart.

(Diese Zeilen wurden am 17. Oktober 1948 geschrieben.)

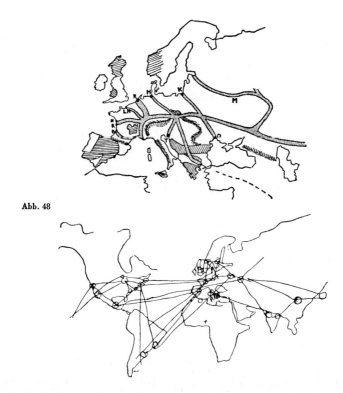

Abb. 48

Kapitel 5
Erste
Anwendungsbeispiele

MEINE Arbeit, Bauten und Bilder, wird seit mehr als dreißig Jahren von Mathematik gewürzt, da ja die Musik immer in mir gegenwärtig ist. (Ich muß bekennen, daß ich in der Schule auf dem Gebiet des Rechnens, das mir nur Angst und Abscheu einflößte, ein Stümper war.) Daher nahm die Einleitung zum „Modulor" (der zuerst „Tonleiter der Proportionen" getauft wurde) innerhalb meiner Arbeit keineswegs revolutionären Charakter an; sie zeigte bloß das dauernde Erstaunen eines Mannes – eines empfänglichen Mannes –, der vor der Erleuchtung durch die unendlichen Ordnungen nie von Akademismus geplagt wurde. Tag für Tag ermißt dieser Empfängliche, wie sehr seine Kunst von einer Regel geleitet wird. Er erkennt die Regel, begrüßt sie voller Achtung und Freude; gewohnt, seine Gedanken durch Hände und Köpfe von zwanzig Zeichnern verdolmetschen zu lassen, merkt er immer deutlicher, daß ihn das Glück, nachdem er das Tor der Wunder hinter sich gelassen, in einen Garten geführt hat, dessen Blumen Zahlen sind. In den Jahren 1945–46 hatte er die ersten Pläne für die Wohneinheit in Marseille entworfen; in einem Atelier parallel zu dem seinen waren

Ingenieure und Architekten vereinigt, die einen im Dickicht der Technik geschickt und listig wie Füchse, die andern hingegeben und voller Leidenschaft als wahre Soldaten einer guten Sache – der unserer Zivilisation.

Das Gitter der Proportionen wurde ausprobiert, das heißt einer ernsthaften Prüfung unterzogen. 1946 bis 1947 mußte er sich in New York aufhalten. Auch dort, bei der Aufstellung der Pläne für den Sitz der Vereinten Nationen am East-River, bestand der „Modulor" das wunderbare Abenteuer: die harte Geometrie der ungeheuren, blanken Prismen aus Beton, Stahl, Stein und Glas in Harmonie aufzulösen und ebenso die unglaubliche, unvollstellbare Vielfalt der unzähligen, zu einem synthetischen, synchronischen und symphonischen Funktionieren berufenen inneren Organe. Während dieser achtzehn Monate war das Pariser Atelier in vollem Betrieb. Wenn unser Mann aus New York die Frage stellte: „Was macht der ‚Modulor'?", lautete die Antwort aus Paris jedesmal: „Er schafft Wunder."

Auf so große Entfernung machte mich ein solcher Optimismus skeptisch wie den heiligen Thomas. 1947 kehrte ich nach Paris zurück und machte mich vom ersten Tag ab daran, die Maße des „Modulor" *mit meinen Händen zu greifen* (ich liebe diese Metapher).

Seit damals sind viele Pläne durch diese Hände gegangen. Mit wachsender Aufmerksamkeit habe ich den „Modulor" verwendet und seine Verwendung kontrolliert. Ich kann daher aus Erfahrung sprechen. Auf den Zeichentischen sah ich zuweilen schlecht gestaltete, ungefällige Dinge. „Das ist mit dem ‚Modulor' gemacht, Monsieur." – „Nun, dann um so schlimmer für den ‚Modulor'! Radieren Sie es aus. Bilden Sie sich ein, daß der ‚Modulor' ein Universalmittel für die Ungeschickten und Unaufmerksamen ist? Wenn der ‚Modulor' Sie zu Greueln verführt, so lassen Sie den ‚Modulor' fallen! Ihre Augen sind Ihre Richter, die einzigen, die Sie kennen sollten. Urteilen Sie mit Ihren Augen, meine Herren. Ich möchte aber, daß Sie mir schlicht und in gutem Glauben beipflichten, daß der ‚Modulor' ein Arbeitswerkzeug ist, ein genaues Werkzeug; sagen wir, er sei eine Klaviatur, ein Piano, ein *gestimmtes* Piano. Das Piano ist gestimmt; es bleibt Ihnen überlassen, gut darauf zu spielen, und das ist das, was Sie angeht. Der ‚Modulor' schenkt kein Talent und noch weniger Genie. Er macht die Schwerfälligen nicht schlau; er bietet ihnen aber die Bequemlichkeit, die aus der Verwendung sicherer Maße hervorgehen kann. Aber Sie sind es, die aus dem unbegrenzten Vorrat der ‚Modulor'-Kombinationen zu *wählen* haben."

Hier die Reihe unserer ersten Erfahrungen bei der Anwendung des „Modulor":

1. Die Wohneinheit von Marseille:
   a) Hauptgrundriß und Schnitt;
   b) Fassade mit Sonnenschutz;
   c) eine Wohnung (Grundriß und Schnitt);
   d) ein Beispiel der Tischlerarbeiten;
   e) der Stein, der zur Feier vom 14. Oktober 1947 diente;
   f) die Stele sämtlicher Maße;
   g) architektonische Verherrlichung des „Modulor";
   h) die Dachterrasse;
   i) ein Einfall: zwei Konsolen tragen ein Bildwerk;
   j) ein anderer Einfall: von 1925 (Pavillon de l'Esprit Nouveau auf der Internationalen Ausstellung der angewandten Künste in Paris) bis 1948: vorausgefertigte Fachschränke für eine Schlafzimmereinrichtung.

2. Ein winziges Büro, Rue de Sèvres 35.

3. Vorbereitung einer Wanderausstellung der acht großen Museen der USA 1948.

4. Typographie.

5. Eine Fabrik in Saint-Dié.

6. Noch eine Glaswand in Holz.

7. Größe der Mathematik: die UN am East-River.

8. Städtebau: „Plan von Paris 1937".

I

„DIE WOHNEINHEIT" IN MARSEILLE
AM BOULEVARD MICHELET

*(Im Bau befindliches Wohngebäude für 1600 Bewohner und
26 Gemeinschaftseinrichtungen)*

a) HAUPTGRUNDRISS UND SCHNITT

Das Gebäude ist 140 m lang, 24 m breit und 56 m hoch. In 1) (Abb. 49) sieht
man den Grundriß eines Stockwerks mit 58 Wohnungen; in 2) zeigt die Einzelheit das
eigentliche Wesen der Konstruktion, die lichte Weite der Wohnungen ist L = 366
(„Modulor", blaue Reihe), siehe Anmerkung[1].

M = 419 L 366 BL + F 53 BL
K = 296 RO
I = 113 RO ⎫
E = 43 RO ⎬ Balkon mit Sonnenschutz
A = 6,5 RO ⎭
H = 86 BL   Treppe

---

[1] Wir schreiben den Buchstaben, der eine Abmessung bezeichnet: L, B oder F usw., lassen ihm seine Zahl
im metrischen System folgen und fügen das Klassifizierungszeichen hinzu: RO = rote Reihe oder BL = blaue Reihe.
Zu vergleichen mit der Zahlentafel im vorausgehenden Kapitel 3, Seite 84.

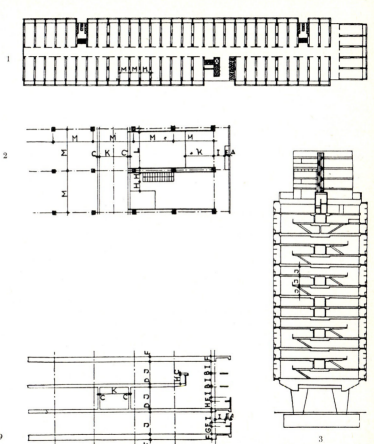

Abb. 49

Abb. 49, 3) zeigt den Hauptschnitt des Gebäudes mit der Wohnungshöhe J = 226 BL; der Detailschnitt 4) zeigt nochmals J = 226 BL.

D = 33 BL (Deckenstärke),

F = 53 BL (Stärke der Decken mit Feuerverwahrung).

Die Reihe, die den Sonnenschutz reguliert:

G = 70 RO

E = 43 RO

I = 113 RO

B = 16,5 RO.

b) *FASSADE UND SONNENSCHUTZ*

Die folgende Abb. 50 gibt in 5) einen Teil der Ansicht mit den Pfeilern, den Sonnenschutzelementen, dem Endzustand eines rohen Mauerteils und der Dachkrönung. In 6) sind die Maße, welche die Sonnenbalkone proportionieren, genauer dargestellt:

D, G, E, I, B, I, B, I, C wurden schon genannt außer C = 20,5 BL. Im unteren Teil der Abbildung gibt E die Breite eines der Vertikalelemente des Sonnenschutzes; M wiederholt den Achsenabstand der Wohnungsfache: 419 (L + F).

c) *EINE WOHNUNG* (Abb. 51), 1) *GRUNDRISS*, 2) *SCHNITT*

1) Der Grundriß (auf der Höhe des Hängebodens mit den Schlafzimmern):

	Rote	Blaue
	Reihe	
A	6,55	
B	16,55	
C		20,5
D		33
E	43	
F		53
G	70	
H		86
I	113	
J		226
K	296	
L		366
M	419 = L + F	

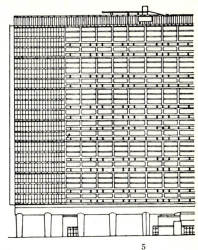

5

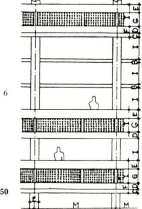

6

Abb. 50

137

366 = Breite der Wohnung,
183 = Balustrade mit Einzelheiten 53 und 43,
86/226 = Treppenhaus,
113 = Schrank,
113 + 113 + 113 = Abstelltischchen und zwei Schränke im Flur.

2) Der Schnitt:

Sonnenschutz 70 RO + 43 RO + 336 BL,
Glaswand: 70 RO + 70 + 33 BL + 226 BL,
Hängeboden: Höhe bis Decke 226 BL, Deckenstärke 33 BL, Höhe bis Decke 226 BL,
Wandfelder: 86 BL + 113 RO Bibliothek + 26 RO Türsturz + 113 RO Feld + 140 BL Feld,
Möbel: 70 RO/182 RO Eßtisch + 33 BL + 53/53 BL Nische.

Anmerkung. – Da gegenwärtig (8. Februar 1948) der verfügbare Werkstoff für die Felder der Wandverkleidungen von der Industrie in Breiten von 1,20 m geliefert wird, wurde diese Dimension (120) übernommen, um jeden Materialverlust zu vermeiden.

Küche: Arbeitstisch 86 BL und 70 RO,
Badezimmer: Schrank 140 BL/113 RO, Toilettenschrank 53 BL/53 + 33 BL/33 + 70 RO, Duschezugang 140 BL/53 BL.

Man wird zugeben, daß auf die bloße Ingangsetzung des täglichen Lebens: das Heim, bis heute niemals eine derartige Maßgenauigkeit und solche mathematische und harmonische Schärfe verwendet wurden.

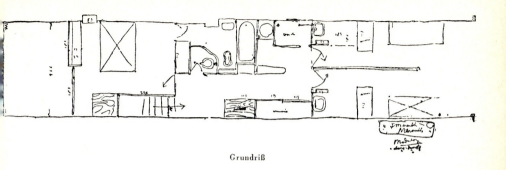

Grundriß

Abb. 51

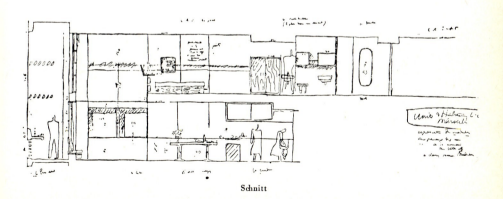

Schnitt

d) *EIN BEISPIEL FÜR DIE SCHREINERARBEITEN*, Abb. 52

A	– 6,3 RO		F	– 69,8 RO
B	– 10,2 BL		G	– 86 BL
C	– 16,5 RO		H	– 113 RO
D	– 26,7 RO		I	– 140 BL
E	– 53,4 BL			

e) *DER STEIN, DER ZUR FEIER VOM 14. OKTOBER 1947 DIENTE*, Abb. 53

Nach all dem leidenschaftlichen Hin und Her wird am 14. Oktober 1947 die Inbetriebnahme der Baustelle in Marseille durch eine Zeremonie gefeiert. Der erste Stein des Gebäudes wird versetzt. Sollen bloß Reden gehalten werden? Nein! Eine greifbare Spur soll bleiben, ein Stein, der später irgendwo seinen Platz finden wird. Ich stehe vor der Agentur der Air-France auf der Cannebière, im Begriff, in den Wagen nach Marignagne zu steigen und nach Paris zurückzukehren. Da fragt mich Wogensky: welche Abmessungen soll der Stein bekommen? Ich ziehe den „Modulor" aus der Tasche, das Band von 2,26 m Länge; ich improvisiere, *betrachte* meine Maße, halte sie zwischen meinen beiden ausgestreckten Händen:

Breite . . . . 86 BL
Höhe . . . . 86 BL
Länge . . . 183 RO

Für die auszusparende Nische, in welche die Gründungsdokumente eingemauert werden sollen:

Länge . . . 53 BL
Breite . . . . 16,5 RO
Tiefe . . . . 27 RO

Der große Stein, der acht Tage später eingeweiht wird, besitzt Würde und Eleganz.

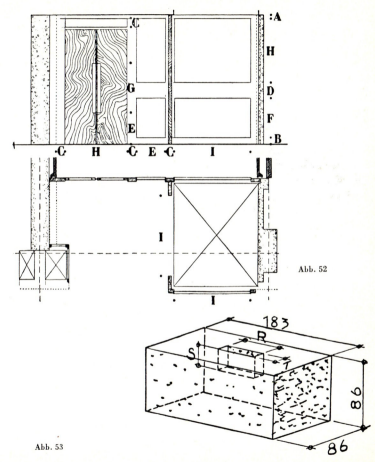

Abb. 52

R   53
S   27
T   16⁵

Abb. 53

Er sollte der Anlaß einer architektonischen Improvisation zu Ehren des „Modulor" werden. Das ging so zu:

f) *DIE STELE DER MASZE,* Abb. 54

Die Marseiller Wochenschrift „V", deren Umschlag und deren meiste Seiten dem Lob der Frau (und besonders des „Weibchens") gewidmet sind, veröffentlichte in ihrer Nummer vom 2. November 1947 einen gescheiten Artikel über die oben erwähnte Zeremonie. „Vor dem Haustein, der in der Mitte des Werkplatzes thronte, dachte jeder, daß es sich wirklich um den ersten Stein des Bauwerks handelte. Das hieß die Theorien von Le Corbusier schlecht kennen. In Wirklichkeit verwendet dieser Meister des Betons auf keinen Fall Stein. Der Hausteinblock war nur dazu da, die Verhältnisse darzustellen, die man in allen Berechnungen des künftigen Hauses findet. Jede Höhe, jede Länge, jede Breite, jeder Inhalt stimmt überein mit diesem Eichmaßstein. Er wird auf dem Ehrenplatz der großen Halle im Erdgeschoß aufgestellt werden, weil auf ihm symbolisch der ganze Bau ruht . . ."

Das war gut gesagt und gedacht – man unterstellte mir aber zuviel. Es brachte jedoch unsern Geist in Bewegung. Ich bat das Entwurfsatelier, ein Verzeichnis *aller Maße* aufzustellen, die in dem Marseiller Bau verwendet wurden. *Fünfzehn* Maße hatten genügt. Fünfzehn! Ich nahm mir vor, dieses Bravourstück der Zahlen zu verherrlichen. Ich stellte mir eine Betonstele in roter und blauer Farbe vor, auf der eingelassene Bronzeziffern alle diese Dinge zur Anschauung brächten. Die Stele wird zwischen den Pfeilern nahe der Hallentüre aufgestellt werden; sie wird vier Seitenansichten bieten. Drei Biedermänner in Bronzefiligran: einer mit erhobenem Arm; die beiden andern sind übereinander gestellt und bestätigen die Regel. Weil man in Marseille ist, wird die Stele auf vier Sardinen aus Bronze ruhen; damit die Betrachter sich genau auf der Höhe des Ausgangspunktes der Maße, also auf dem Boden selbst, auf Null befinden, werden die Fischchen in einer Vertiefung unter dem Bodenniveau sein; und weil es nun eine Vertiefung und Sardinen gibt, wird in dem Becken Wasser sein, und folglich wer-

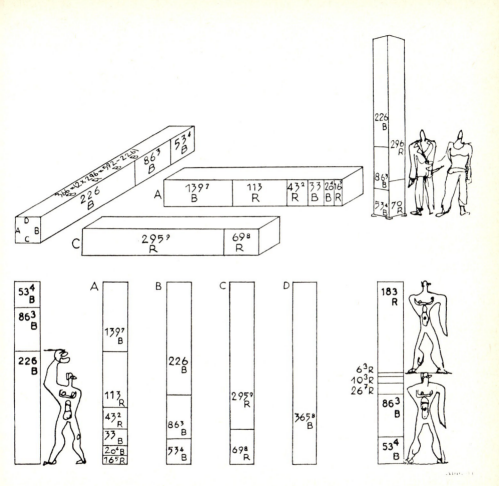

den vier kleine Springbrunnen von der Höhe der Stele ihr Wasser werfen: vom „Brunnen der Maße."

Dies wurde der erste Aufstieg des „Modulor" in höhere Regionen (Abb. 55). Ein paar Monate später bot sich Gelegenheit, noch weiter zu gehen.

g) *DIE WAND*

Die Ausführungspläne für den Betonturm der Aufzüge zwangen uns zur Aufstellung einer großen blinden Gußbetonwand, die sich auf der rechten Pfeilerseite in die Haupthalle einschob und eine grämliche Mauer an diesem wichtigen Hauptort zu errichten drohte. Wir müssen eine Lösung suchen! Diese große Betonwand soll uns die Gelegenheit zu einer Geste der Dankbarkeit gegenüber dem „Modulor" geben: Ganz vorn soll der erste Stein aufgestellt werden, von dem schon gesprochen wurde. Anstatt in den Pfeilerschatten wird die „Stele der Maße" in seine Nähe gesetzt werden. Die große Wand aus Gußbeton soll durch tiefe Rillen untergeteilt werden, die Felder verschiedener Größe für die bildliche Darstellung des „Modulor" entstehen lassen. Das Kennzeichen (die Marke) wird in natürlicher Größe, 2,26 m, in gelochtem Stein als Tiefrelief ausgeführt werden. Die mit Gläsern in roter und blauer Farbe ausgefüllten Lochungen werden die anthropozentrische DREIHEIT und die ϕ-Abwandlungen der Einheit und des Doppels zeigen. In der Höhe des menschlichen Scheitels (182,9 RO über dem Fußboden) wird der Zentralpunkt der Maße der Wohneinheit festgelegt werden; er wird durch den vertikalen und horizontalen Schnittpunkt der Achsen des „Modulor"-Kennzeichens bestimmt. (J, das Maß eines Quadrates von 53,4 BL.) Es bleibt nur noch darauf hinzuweisen, daß dieser entscheidende Punkt in Erbsengröße genau die Achse der Gruppe der Aufzüge bezeichnet, des Kerns des Kreislaufsystems des großen Bauwerks. Abb. 56.

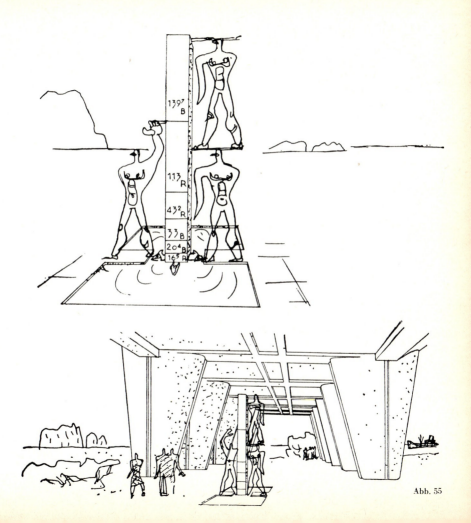

Abb. 55

	Rote	Blaue		Rote	Blaue
		Reihe			Reihe
A	6,3		G	26,7	
B		7,8	H		33
C	10,2		I	43,2	
D		12,6	J		53,4
E	16,5		K	69,8	
F		20,4	L		86,3

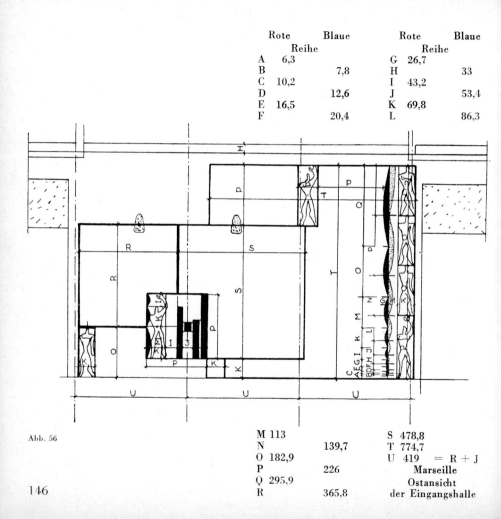

Abb. 56

M	113		S	478,8
N		139,7	T	774,7
O	182,9		U	419 = R + J
P		226		Marseille
Q	295,9			Ostansicht
R		365,8		der Eingangshalle

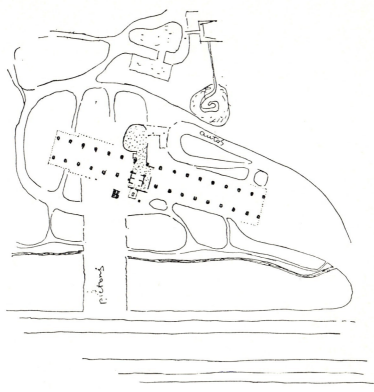

Abb. 57

Ich hielt dieses Abenteuer in einer Skizze fest, die (auf eine Länge von 140 m) die Pfeiler, die Halle (punktiert) und den Aufzugturm in der Halle darstellt. Das oben beschriebene Geschicklichkeitsspiel spielt sich an der durch den Buchstaben B bezeichneten Stelle ab: man sieht dort den Zeremonienstein vom 14. Oktober 1947, rechts davon die Stele der Maße. Den Hintergrund bildet die Wand aus Gußbeton; die sie darstellende Linie ist an einer Stelle unterbrochen. Genau dort sitzt die Seele des Gebäudes. Auch das Wort Seele ist ein Ausdruck der Instrumentenfabrikation. Wir wissen, daß die Seele einer Geige ein zwischen Oberfläche und Rücken des Instrumentes eingeklemmtes Holzstückchen ist, an einer auszufindenden Stelle, die gerade der Resonanzort ist: die Seele.

In die Schalung der 8/13 m großen armierten Betonwand wurden sechs Biedermänner in halbflacher Holzbildhauerei eingelassen, die bei der Ausschalung Tiefreliefs freigeben werden, auf denen das Licht spielt. Ihre Aufgabe ist es, noch einmal auszusagen, daß alles, was an diesem Ort erdacht und gebaut wurde, *im menschlichen Maßstab* erdacht und gebaut wurde.

h) *DIE DACHTERRASSE*

Sie hätte das Theater der Katzen und Sperlinge werden können. Wir haben daraus gemacht:
- eine Aschenbahn von 300 m Länge;
- einen Gymnastiksaal (im Freien und als geschlossener Raum);
- einen Klub;
- die Einrichtungen der Kinderkrippe als Dachgarten (Hydrotherapie, Heliotherapie, Spiele usw.);
- den Pavillon der Mütter;
- für die Geselligkeit: Sonnenbäder und Ruhegelegenheiten.

Abb. 58

149

Von dort oben, 56 m über dem Erdboden, bietet sich eine der großartigsten und ergreifendsten Aussichten der Welt: sie umfaßt das Meer und die Inseln, die Bergkette von Saint-Cyr und die Tête de Puget, die Sainte-Baume, den Berg Sainte-Victoire, Marseille-la-Ville, Notre-Dame-de-la-Garde und den Estaque.

Wenn der Zweck erfüllt ist, kann man sich mit den Verhältnissen beschäftigen. Dieses Dach wird ein Teil der Marseiller Landschaft sein. Beredt soll sein Umriß werden, eine wechselnde, vielfältige Ansprache. Ein großes Modell wurde von ihm hergestellt.

A = 33 BL, Deckenstärke;
B = 43 RO, Stärke der Dachhaut mit Verwahrung;
C = 86 BL, Sockel der Ventilatoren;
D = 113 RO, Höhe der Trennwände der Sandspielplätze und Höhe der Stützmauer des Turnhofes (mit Turngeräten);
E = 140 BL, mehrere kleine Wände;
F = 183 RO, verschiedene Wände;
G = 226 BL, Höhe des Mütterraumes;
H = 296 RO, Bar;
I = 366 BL, Breite des Jugendbades;
J = 479 RO, Höhe des Gymnastiksaales;
K = 775 RO, Länge des Bades;
L = 1253 RO, Breite der Nordseite des Gymnastiksaales;
M = 1549 BL, Breite der Südseite des Gymnastiksaales;
N = 1549 BL + 226 BL = 1775, Höhe des Reservoir- und Aufzugturmes;
P = 775 RO + 53 BL = 828, Breite des Reservoir- und Aufzugturmes;
R = 592 BL + 53 BL = 645, Tiefe des Reservoir- und Aufzugturmes.

Diese Angaben sind nur Teilbeispiele und sollen nur Hinweise geben. In Wirklichkeit werden sämtliche verwendeten Maße vom „Modulor" gestellt.

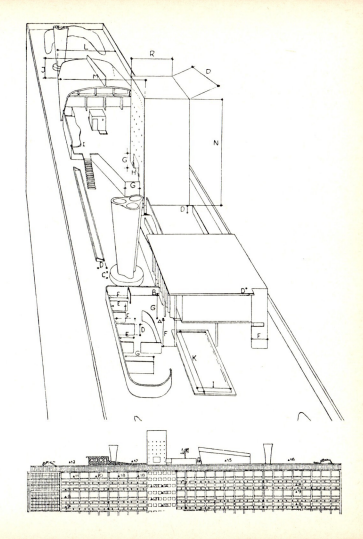

Abb. 59

i) *EIN EINFALL, Abb. 60*

Der große Südgiebel von sechsundfünfzig Meter Höhe wird von den beiden ersten Pfeilern getragen.

Am 13. September 1948, im Augenblick, als ich die Baustelle verließ, war man gerade im Begriff, die Pfeiler einzuschütten. Ich bleibe vor der Holzschalung stehen und überlege mir das Sonnenschutznetz für mehr als 50 m Höhe. Mir scheint, daß irgend etwas die Rolle dieser Pfeiler feiern sollte, dieser starken, nackten, herrlichen Diener. Daß man sich jedenfalls noch in dieser Minute, vor der Betoneinschüttung, eine Möglichkeit vorbehalten und zu diesem Zweck zwei Kragsteine oder Konsolen einsetzen sollte, das heißt zwei Stützen für eine eventuelle Plastik. Oft wird behauptet, ich hätte einen Haß auf die bildenden Künste, auf Bildhauerei und Malerei, was eine große Lüge ist, weil ich seit dreißig Jahren jeden Tag male. Wahr ist, daß ich die brave Durchschnittlichkeit verabscheue, und daß ich, wenn ich von einer echten Synthese der bildenden Künste träume, sauer auf die Niedlichkeiten schaue, die Künstler und Kunstredner uns so oft einreden möchten: die Obstschale, die auf die Pfeilerspiegel des Eßzimmers gemalt ist. Schon dröhnte das Auto; die Zeichnung für die Pfeilerbetonierung wird mir gebracht; in einer Minute zeichne ich samt den Abmessungen, was die Zimmerleute gleich darauf in die Schalung schneiden werden:

Zwei Kragsteine:

Höhe	53	BL	Vorsprung .	86 BL
Breite	16,5	RO	Abstand . .	183 RO

Und als der ganze Beton nach der Ausschalung unbearbeitet zum Vorschein kommt, das heißt als jede Fuge der Schalbretter sichtbar wird, rufe ich: nehmt drei Brettchen in harmonischen Maßen:

26,5 BL
16,5 RO
10 RO

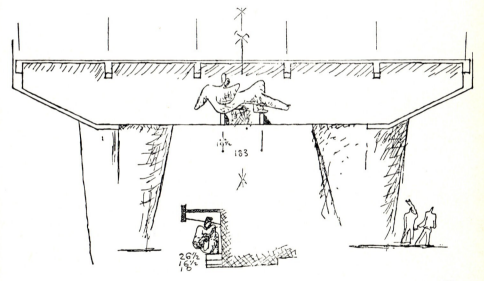

Abb. 60

Das ist ein kleines Beispiel der Verwendung des „Modulor" aus dem Stegreif, *auf der Baustelle*.

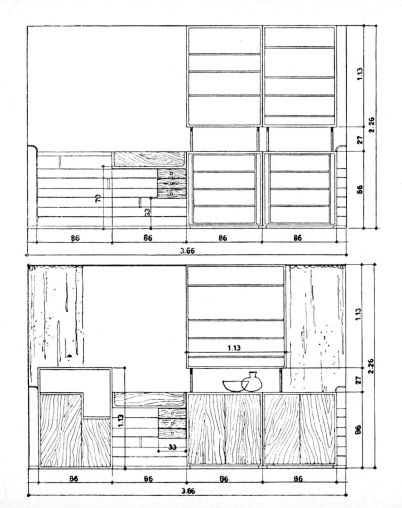

Abb. 61

154

Auf der Innenwand mit der Quote 366 BL lassen sich die Tischlerarbeiten mit Leichtigkeit einpassen; alle Gegenstände sind in Reichweite der Hände und entsprechen der sitzenden oder aufrechten Stellung. Abb. 61.

II

EIN WINZIGES BÜRO. Abb. 62

Unser Architekturatelier Rue de Sèvres 35 ist fünfzig Meter lang und fast ganz von den Zeichnern besetzt. Die zur Verwaltung gehören, wurden in mittelmäßige Räume abgeschoben. Ich persönlich bin der Erbe eines Büros ohne Fenster mit dementsprechender Luft; wie in einem Asyl sitze ich darin, und meine Besucher fühlen es: sie fassen sich kurz und bündig. Es kann geschehen, daß ich vier Besucher auf einmal empfange. Wir sind dann zu fünft in diesem Büro mit den Maßen:

Breite . . . . . 226 BL
Tiefe . . . . . 226 BL $+$ 33 BL
Höhe . . . . . 226 BL

Inhaltseichmaß nach dem „Modulor": 226/226/226.

Die Übereinstimmung der Maße erlaubte eine günstige Verteilung der Möbel und der Ausschmückung:

Tisch: 53 BL/113 RO,

Wandbild (links; photographisches Einfarbbild):
166 (113 $+$ 53)
226 BL

Übrigbleibende Wandfläche 86 BL $+$ drei Stäbchen (3/2).

Polychrome Holzfigur auf einem abgewinkelten Blechsockel:

Sockel: Vorsprung . . . 33 BL
   Breite . . . . . 16,5 RO
   Höhe . . . . . . 16,5 RO
Dessen Lage in bezug auf die Zimmerecke:
linker Abstand . . . . . . 43 RO
Abstand von der Decke . . 53 BL.

III

VORBEREITUNG EINER WANDERAUSSTELLUNG
unter dem Patronat von sechs großen Museen der USA

Die Ausstellung zeigt Architektur- und Stadtbaupläne sowie Gemälde. Ihre Hauptschaustücke sind Drucke im italienischen Format 29/23, die dem „Gesamtwerk von L. C." (Verlag Erlenbach, Zürich) entnommen sind; photographische Vergrößerungen in verschiedener Größe; außerdem wirkliche Gemälde. Die Zahl der Räume steht nicht fest, sie ändert sich von Museum zu Museum. In jedem Saal kann man jedoch mit einer „Vorführwand" rechnen, die Zeugnisse unterschiedlicher Größe aufnehmen kann; und in der Mitte des Raumes mit einem Klappständer (oder einer spanischen Wand), auf deren beiden Seiten photographische Vergrößerungen Platz finden.

a) *Die Vorführwand,* Abb. 63, 1.

C = 26,5 RO, Raum für die Druckblätter und kleineren Bildbeispiele;

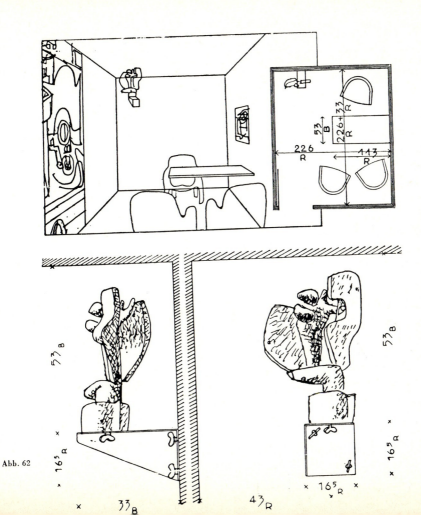

Abb. 62

E = 86 BL, Höhe des Querriegels und der mittleren Bilderreihe;
F = 113 RO, Mittelachse der Abteilung Drucke;
G = 140 BL, Höhe der großen Schaubilder.

Man findet nebenbei, wenn man die Werte ordnet, die „Dreiheit" und die „Zweiheit" der „Modulor"-Reihen aufs neue bestätigt.

E + D + E (86 + 53,5 + 86) = 226 (der Mann mit erhobenem Arm);
G + E + G (140 + 86 + 140) = 366 (zweimal der stehende Mann).

Diese letzte Feststellung geschieht nur wegen des Vergnügens, daß in allem am menschlichen Maßstab festgehalten wurde.

b) *Die Klappständer oder Wandschirme*, Abb. 63, 2.

B = 206 ist ein fließendes Maß, das den Raum *nicht versperrt*. Bewußt entschloß ich mich, es *außerhalb* des „Modulors" zu wählen, weil einem die Erfahrung sagt: die Höhe 226 würde den Raum *versperren*.

C = 226 RO;
A = 140 BL

IV

TYPOGRAPHIE

Es handelt sich darum, zweihundert Klischees zu umbrechen, die für die Sondernummer der *„Architecture d'Aujourd'hui"* vom Frühjahr 1948 bestimmt sind[1].

Das Format der Zeitschrift ist 310 × 240 mm.

Das Problem besteht darin, eine große Anzahl von Klischee*formaten* und ein gewisses Spiel von *Abmessungen* für jedes dieser Formate zu finden. Abb. 64.

---

[1] Boulogne-sur-Seine. L'Architecture d'Aujourd'hui. Zweite Sondernummer L.-C.

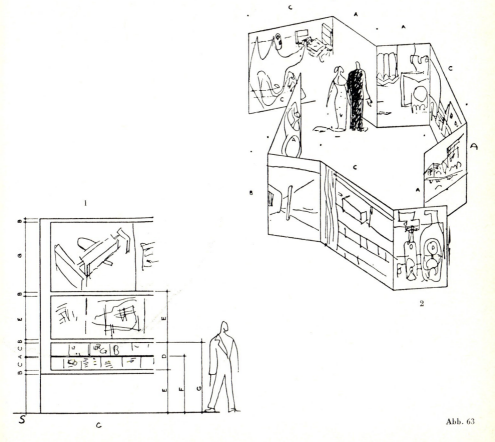

1

2

Abb. 63

Der „Modulor" lieferte die gesuchten Elemente so, daß sie alle untereinander harmonisch waren.

In den gefundenen Abmessungen wurden Kartonstücke ausgeschnitten, worauf sich der Umbruch rasch, genau und spielend durchführen ließ.

Das erste Maß (A) wird das der Zeitschrift selbst. Führt man den „Modulor" (das Band mit der Gradeinteilung) über die Seite, so entdeckt man ein brauchbares Maß als Zwischenstufe der Quoten 328,8 und 29,8, also ungefähr gleich 300 mm.

Für die zweite Abmessung bietet das über die Seiten*breite* spazierengeführte Band zum Beispiel folgende Lesart: Differenz von 267 und 24 gleich ungefähr 243 RO (B).

Diese Differenz 243 faßt folgende Werte des „Modulor" zusammen:

	Differenz von	39	und 24
+	„	„ 63	„ 39
+	„	„ 101,9	„ 63
+	„	„ 164,9	„ 101,9
+	„	„ 266,8	„ 164,9.

Der dritten Abmessung läßt man *von vornherein* links und rechts Spielraum und wählt zum Beispiel die Differenz von 203,18 und 000 = ungefähr 203 mm (C).

Für die vierte nimmt man die Differenz von 164 und 000 = 164 (E);

für die fünfte die von 164,4 und 29,8 = 134,6 (H).

Damit hat man nunmehr fünf Klischee*abmessungen* erhalten. Jetzt suchen wir Formate, die zwischen einem Quadrat und einem länglichen Rechteck liegen.

Ich beschäftigte mich mit (C), ließ das Band des „Modulor" spielen und wählte die Differenz von 203,8 und 38,9 = 164,9; die Diagonale bezeichnet nunmehr das Format (C). Trage ich 164,9 in der Länge auf, erhalte ich das quadratische Format (C^1). Der Schnittpunkt dieses Quadrates mit der Diagonale (C) liefert das Maß der Differenz von 164,9 und 28,8 = 135, deren Diagonale das (längliche) Format (D) bezeichnet; weiterhin bezeichnen die Diagonalen (D^1) und (D^2) quadratische Formate, das eine von 164,9, das andere von 135 Seitenlänge.

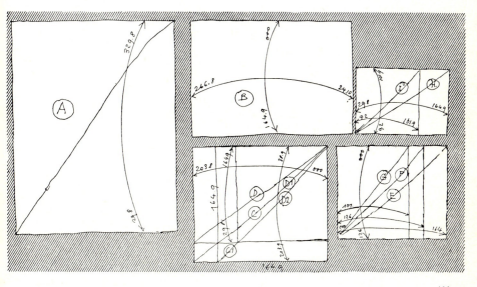

Abb. 64

Verfährt man auf dieselbe Weise mit der Abmessung 164, die (E) geliefert hatte, so erhält man das Quadrat (F) 126 und das Rechteck (G) 101 × 126.

Verfährt man ähnlich mit (H) = 134,6 × 101, so erhält man das Quadrat (I) = 101 × 101.

Dieses Experiment mit den Klischeeabmessungen und -formaten verquickte Zwischenstufen der Werte der roten Reihe und derer der blauen Reihe und *lieferte* dadurch *Zahlen, die auf der Zahlentafel des „Modulor" nicht erscheinen, weil sie aus sekundären Rechnungsweisen hervorgehen.*

Bei dieser Gelegenheit muß betont werden, daß diese Art des Rechnens ganz besonders eine der Augen ist. Wird der „Modulor" *als graduiertes Band in der Hand gehalten*, erlaubt er dem Benützer, seine Abmessungen zu *sehen*, was von allergrößter Bedeutung ist. Das Unglück der heutigen Zeit ist, daß die Maße überall der Willkür und Abstraktion anheimfielen; sie müßten wieder *Fleisch* werden, das heißt lebendiger Ausdruck unserer *eigenen* Welt, der Welt der Menschen, die allein unserem Verstand faßbar ist.

V

EINE FABRIK IN SAINT-DIÉ

Herr Jean-Jacques Duval ist ein junger Industrieller, der auch künstlerischen und geistigen Dingen zugetan ist; man verdankt ihm die Initiative zu einem Bebauungsplan der Stadt Saint-Dié, der von sämtlichen Interessenten bekämpft und abgelehnt wurde.

Bei seinem (gegenwärtig in Ausführung befindlichen) Fabrikneubau ließ sich ein Spiel von geradezu musikalischer Feinheit spielen, mit Kontrapunkt und Fuge, die durch den „Modulor" geregelt wurden. Abb. 65.

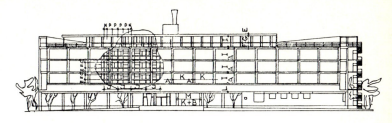

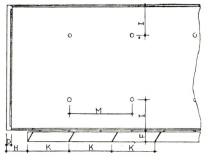

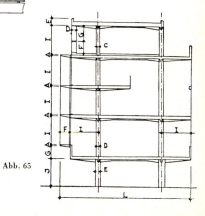

Abb. 65

	Rote Serie		Blaue Serie
A			78
B			33
C	43		
D			53
E	70		
F	113		
G	183		
H			226
I	296		
J			366
K			592
L	1254		
M	625	=	K + B
N			86
P			140

Es sind drei Massen vorhanden:

die offene Pfeilerhalle;

das Parallelepiped der Werkstätten;

die Bekrönung durch die Büros und den Dachgarten.

Außerdem gibt es drei Takte, drei verschiedene Rhythmen:

a) die Abstände des tragenden Gerippes aus Stahlbeton: Pfeiler, Ständer und Decken;

b) das Gitterwerk (aus Beton) des Sonnenschutzes der Werkstättenfassade;

c) das Netz der Glaswand (in Eichenholzrahmen), das sich hinter dem Sonnenschutz vor den Werkstätten und Büros erstreckt.

a) *Das Gerippe*

Grundriß und Schnitt zeigen:

$$\begin{aligned}
\text{die Abstände} \quad M &= (K + B) = 592\ \text{BL} + 33\ \text{BL} = 625, \\
\text{die Stärken} \quad E &= 70\ \text{RO} \\
D &= 53\ \text{BL} \\
C &= 43\ \text{RO} \\
\text{die Auskragungen} \quad I &= 296\ \text{RO}.
\end{aligned}$$

b) *Der Sonnenschutz*

Grundriß und Fassade zeigen:

Breite der Zelle $K = 592$ BL Stärke der Zelle $A = 7,8$ BL

Höhe „ „ $I = 296$ RO Tiefe „ „ $F = 113$ RO.

c) *Die Glaswand*

Die Fassade zeigt:

$$\begin{aligned}
\text{die Holzrahmen der Verglasungen} \quad J &= 366\ \text{BL} \\
N &= 86\ \text{BL} \\
P &= 140\ \text{BL}
\end{aligned}$$

Das hier gespielte Spiel ist das der führenden Maße des Gerippes, des Sonnenschutzes und der Glaswand, die alle drei verschieden und voneinander unabhängig sind und die nicht zusammenfallen (sich nie überlagern), das heißt

625
592
366.

Alle aber sind auf der Stimmgabel, alle gehören zur Familie. Ich glaube, daß die Musik, die der Architekt hier spielte, stark und reich ist, voller Stufungen wie die Debussys.

VI

NOCH EINE GLASWAND AUS HOLZ, Abb. 66

Wir setzten sie in diesem Jahr 1948 in einen Bau von 1930 ein, dem damals durch eine Bauvorschrift Zwang angetan worden war, mit der Folge, daß die Höhe der Nische unter dem armierten Betonsturz auf 204 cm begrenzt wurde, ein ganz zufälliges Maß, das aber alle Verhältnisse der hinter dieser Nische liegenden Wohnung beherrschte.

Wir verwendeten nicht den „Modulor" „Fuß-Zoll" (183 – 53 – 226 BL), sondern fertigten *bei dieser Gelegenheit* einen besonderen „Modulor" (in gewisser Weise eine optische Täuschung) auf der Basis 165–204. Das ist bedeutungsvoll und bezeichnet unsere Haltung Formeln gegenüber: zuerst aufspüren und erfühlen, dann urteilen und entscheiden. Hier erkannten wir, daß der „Modulor" von 183–266 das, was im vorliegenden Fall die architektonische Wirkung bilden sollte: die Glaswand, sicher entwertet hätte. Und wir paßten uns deshalb dem beherrschenden Organ des architektonischen Ausdrucks, der Glaswand, an.

Die Ausführung hat unserem Unternehmen ihren Segen erteilt: niemand ahnt die List. Im ganzen Werk herrscht Wohlklang.

Wir nahmen also zuerst ein von Null bis 267 reichendes Spezialband.

Nachstehend die Maße der Verglasung, die sich darauf beziehen:

Hauptscheibe: $I \times G = 169 \times 123,5,$
untere Scheibe: $I \times E = 169 \times 58,3.$

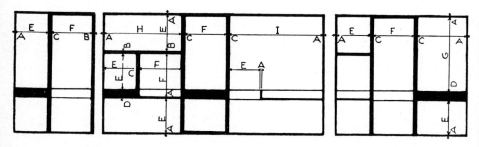

Abb. 66

Wenn hier die Basis 102 und 104 ist, so ist sie beim „Spezialmodulor" 165.

Nach dem auf 165 RO basierenden „Spezialmodulor" sind

A	3	RO
B	4	BL
C	7	BL
D	18,5	
E	58,3	$= 39 + 15 + B$
F	73,8	$= 63 + 11$
G	123,5	$= 102 + A + D$
H	138,1	$= 102 + 30 + 6$
I	169,1	$= 165 + B$

166

VII

GRÖSSE DER MATHEMATIK

Das Modell 23 A

New York, März 1947.

Bau des Generalquartiers der Vereinten Nationen am East-River in Manhattan. Im Jahre 1947 werden die Pläne aufgestellt, die „die strahlende Stadt" in den tragischen Igel New Yorks einführen.

Sonne, Raum, Grünflächen: Versprechen, die gehalten werden sollen. Durch seine Ausmaße geht das Unternehmen über alles hinaus, was seit langem geschaffen wurde. Auch hat man in Wirklichkeit nie Gelegenheit gehabt, einen solchen Baukomplex durch Zahlen zu dirigieren.

In der Abbildung 68 ist eine Reihe von Quoten eingeschrieben: a, b, c, d, e (e^1, e^2, e^3), f, g, h, welche die mathematische Durchstrahlung des Raumes deutlich machen sollten und könnten. Dieser Raum hat eine Länge von 450, eine Tiefe von 150 und eine Höhe von 200 Metern.

Leider werden die Zahlen nicht angerufen werden, denn diejenigen, die am Ende der Umtriebe, die bei solchen Gelegenheiten zuweilen triumphieren, die Herren des Unternehmens geblieben sind, stehen gleichgültig und fremd der Geisteshaltung gegenüber, die verlangt werden müßte, fremd der Feinheit, List und Neugierde, die helfen, „das Tor der Wunder zu durchschreiten".

Nicht nur könnte der großartige Rhythmus der Baulichkeiten, ihre „Glas-leidenschaft" am Himmel Manhattans funkeln, es könnte auch die Textur der Räume, der Licht zuführenden Fensternischen, der vollen Mauern, der Sonnenschutzeinrich-tungen, wie auch die Schäfte der Stahl- und Betonsäulen, die überall sichtbar werden wie die Knöchel der einen schweren Körper leicht tragenden Gemse – die Textur des ungeheuren Ganzen könnte eine „Einheit" sein und die Erzeugerin der Einheit: im

Ganzen (im großen Rhythmus der Baulichkeiten) Aufruhr; aber Formgleichheit, *Einheit* in den Einzelheiten. Das wären nicht mehr nur „im Licht vereinigte Formen", sondern wäre ein inneres Gewebe, fest wie das Fleisch einer schmackhaften Frucht, das alle Dinge nach dem harmonischen Gesetz gestaltete: eine Schichtung. Ich erinnere mich an Etappen auf diesem Weg, die mich unlängst wieder frappierten: an unseren Sowjetpalast aus dem Jahre 1931 und an seine Bestätigung, die ich am 4. Juni 1934 durch das Fenster des Schnellzuges Paris–Rom rechts vom Campo Santo in Pisa erlebte. Abb. 67.

Dies alles offenbart das Streben nach einer *molekularen Organisation des Bauwerkes* in harmonischen Maßen nach dem Maßstab des Menschen.

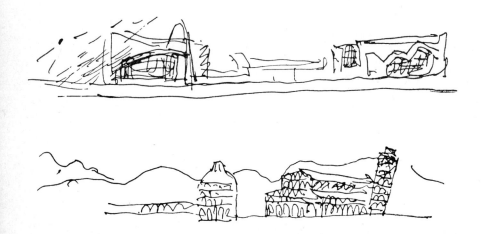

Abb. 67

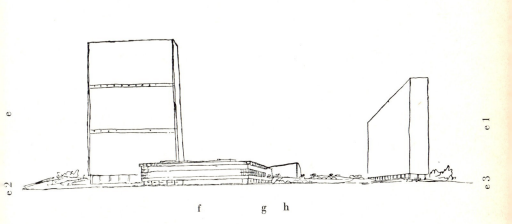

a   b

c   d

e

e1

e2

e3

f   g h

Création du siège des Nations Unies sur l'East River
par Le Corbusier, du 26 janvier 1947 au 21 mars 1947
Ce présent dessin a été fait le 27 mars 1947 par L-C
au RKO building 21me Etage, à New-York.

Abb. 68

169

VIII

STÄDTEBAU

Plan von Paris 1937. Die zukünftige Gestaltung des Stadtkerns von Paris könnte Gelegenheit zu einer meisterhaften Anwendung der Mathematik auf dem Gebiet des Bauens bieten: *„Stadtplanung in drei Dimensionen"* (auf dem Boden und im Raum). Alles könnte dann gestuft, abwechslungsreich, vielfältig, *unendlich klingend* und sich selbst entsprechend werden ... Es gibt keinen andern Weg, davon bin ich überzeugt, zur vollen architektonischen Entfaltung zu kommen: zu Präludium, Choral und Fuge, Melodie und Kontrapunkt, zu Textur und Rhythmus. Abb. 69.

Anstatt des blendenden Paris kann man ebenso gut die sehr bescheidene Innenstadt von Saint-Dié in den Vogesen als Beispiel nehmen, deren (abgelehnter) Plan Rhythmus und Melodie, Geometrie und Natur zeigte, menschliche Proportion und Berg- und Tallandschaft ... (1945). Abb. 70.

Eine andere, unendliche, unermüdliche Modulation des Ganzen und der geringsten Einzelheit war der Stadtplan der linken Uferseite Antwerpens (1933). Abb. 71.

Dann noch ein Ausschnitt aus der „Strahlenden Stadt", zehn Jahre vor dem Entwurf der *„Wohneinheit"* von Marseille. Vielleicht gar wird sie der letzteren in einer den Umständen angepaßten Form folgen. Paris, „L'Ilôt Insalubre" 1937, Nr. 6. Abb. 72.

Überall und in alles können die Maße sich einschalten: in Pfeilerwerke, Alleen und Wege und Schwimmbecken, im Bauwerk selbst vom Dach bis zum Keller, in jeden Gegenstand der Inneneinrichtung, in Großgaragen ...

Als Zeugnis endlich für die mögliche Größe moderner Architektur und modernen Städtebaus möge der Ausbau der Bastion 15 auf der Frontseite Algiers, der afrikanischen Hauptstadt, dienen. Abb. 73.

Schon damals, in jenem Jahr 1939, als die Fertigstellung dieses bedeutenden Werkes bevorstand, das dem Ministerium der Nationalen Erziehung in Rio folgte und

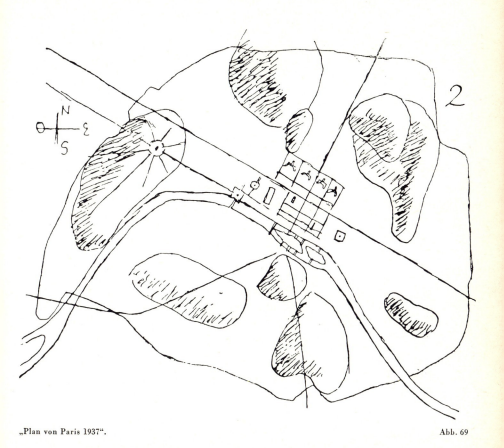

„Plan von Paris 1937".

Abb. 69

171

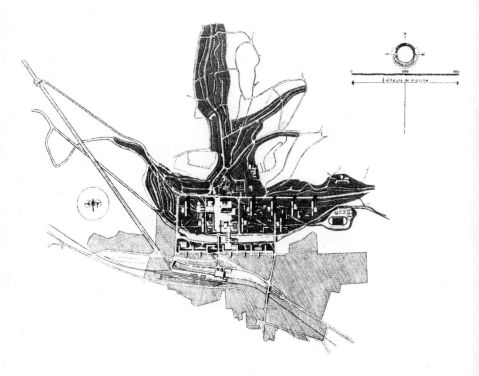

Abb. 70

Stadtplan von Saint-Dié 1945.

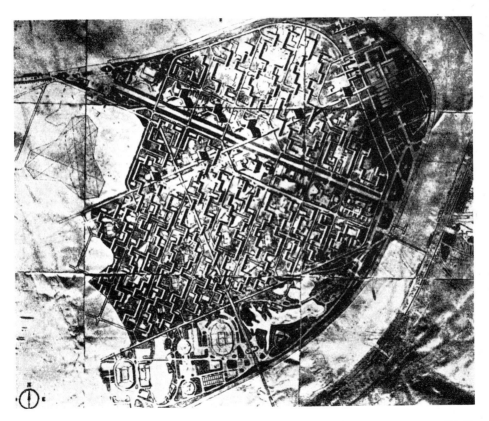

Stadtplan von Antwerpen, linkes Ufer. 1933.

Abb. 71

Abb. 72

Stufungen der „Strahlenden Stadt", 1932.

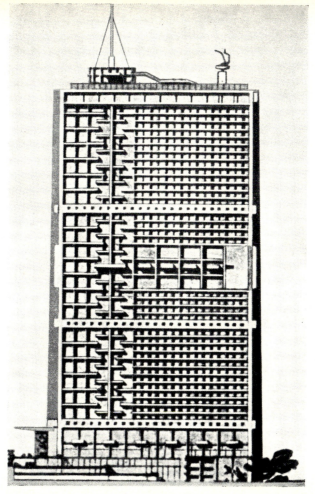

Die „Cité d'Affaires" in Algier, 1919.   Abb. 73   175

meinem cartesianischen Wolkenkratzer für die UNO am East-River in New York vor-
ausging, war alles Maß, Gleichordnung, mathematische Kombination und Wirkung.

Inzwischen kam „der Modulor" hinzu, als Lohn einer langen Anstrengung im
Lauf der finsteren Jahre, die wir in geistiger Bedrängnis und in großer materieller Not
durchlebt hatten.

Kapitel 6
Ein einfaches
Werkzeug

„VIELE schreckt der Gedanke, daß *das harmonische Universalmaß* in Wirklichkeit für immer an den überlieferten ‚Fuß-Zoll‘ oder den Meter als die einzigen Vergleichsgrundlagen gebunden bleiben wird. Werden die Abmessungen eines Bauwerks durch den künftigen Eigentümer festgelegt, so geschieht dies in ‚Fuß‘ oder Meter, aber nicht mit dem ‚Modulor‘ . . .“

Dieser Einwand wurde mir am 6. April 1948 von John Dale in New York gemacht. Er ist von Bedeutung. Hier schaltet sich das Quiproquo ein. Hier zeigt sich ein Stein des Anstoßes, über den man stolpern kann. Die Frage kommt zur richtigen Zeit, sie erlaubt, die Debatte zu klären.

(B) Der „Modulor“ arbeitet mit „geschätzten“ *Maßen (aktives* Phänomen). Jedes Problem, das von einem Bauherrn an seinen Architekten herangetragen wird, wird in den üblichen Maßbegriffen ausgedrückt werden: in Metern oder in Fuß-Zoll usw., das heißt in *Ziffern (passives* Phänomen), (A).

Der „Modulor“ *schaltet sich* (aktiv) *ein* (B), um auf (A) zu antworten.

(A) ist die persönliche, spontane Frage des Bauherrn, abseits aller Überlegungen der den Fachmann angehenden Aufgaben.

Diese den Fachmann angehenden aktiven Aufgaben sind (B):

– das Gleichgewicht der Komposition;
– die Einfügung in die Umgebung;
– Normung, Standardisierung, Vorausherstellung;
– endlich die dadurch entstehende Harmonie (Berücksichtigung des Nachbarn, Gestaltung der Umwelt, Verträglichkeit und Höflichkeit, usw.). Eben dies ist die Aufgabe des Architekten.

John Dale antwortete ich:

„Ihre Vorbehalte in bezug auf die Nebenbuhlerschaft des „Modulor" und der Bezifferungen in „Meter" und Fuß-Zoll" erlauben, die Daseinsberechtigung des „Modulor" nachzuweisen. Der „Modulor" ist eine *Tonleiter der Maße;* Fuß-Zoll und Meter sind *Ziffern.* Es sind Zählungen in Ziffern (in Meter, Fuß-Zoll oder jedem anderen gebräuchlichen Maß), welche erlauben, die *Werte* oder *Maße* des „Modulor" mit üblichen Mitteln zu bezeichnen, mit Fuß-Zoll bei euch, mit Metern bei uns.

Der „Modulor" ist ein Arbeitswerkzeug für die *Schaffenden* (für die, welche komponieren: Entwerfer und Zeichner), nicht aber für die Ausführenden (Maurer, Zimmerleute, Mechaniker usw.)."

Inzwischen wurde meine Aufmerksamkeit von einer (nicht von mir stammenden) Zeichnung in Anspruch genommen, die in der englischen Zeitschrift „Architectural Review" im Februar 1948 als Kopf des Artikels „Le Corbusier's Modulor" erschienen war. Die Zeichnung gab einen Teil der Gradeinteilungen des „Modulor" wieder, die hier mit den Numerierungen: m 15, m 17, m 19 usw. (in der roten Reihe), und m 16, m 18, m 20 usw. (in der blauen Reihe) versehen waren[1].

---

[1] „m" scheint „Modulor" bedeuten zu sollen.

Ich glaubte, ein Abgrund tue sich vor mir auf. Nicht nur wird der Gebrauch des „Modulor" in Verwirrung und Unhandlichkeit enden (denn m 16 oder m 105 usw. sind reine, schreckliche Abstraktionen, aus denen aller Lebenssaft entschwunden ist), sondern auch ein sehr wichtiger zusätzlicher Zweck des „Modulor" würde in Zukunft vereitelt: das Bündnis, das Einvernehmen, die zwischen dem „Fuß-Zoll" und dem Meter ermöglicht werden. Dieses Einvernehmen ist von grundlegender Bedeutung.

Deshalb glaube ich, daß das Modulor-Band die ursprünglichen Bezifferungen jeder seiner Gradeinteilungen beibehalten sollte:

| in Millimetern . . . . . . | 164,9 | 266,8 | 431,7 | usw. | für die rote Reihe. |
| in Zoll . . . . | 6″492 | 10″504 | 16″997 | usw. | |

| und . . . . | 203,8 | 329,8 | 533,6 | usw. | für die blaue Reihe. |
| | 8″024 | 12″984 | 21″008 | usw. | |

Weiter: die Bezeichnungen m 19, m 17, m 15 usw. unterstellen die entsprechenden Werte: m 3, m 2, m 1, m 0, die aber unmöglich sind: die Null kann nie eingeholt werden, sie ist das unerreichbare Ziel der fallenden ϕ-Reihe[1].

Wichtig!

1) Man glaubt, in die Zukunft sehen zu können ... und hinkt doch immer hinterdrein!

In den Jahren 1920 und 1921 beendeten die Flugzeugfabriken ihre Kriegsproduktion und begannen den Bau von Automobilen. Alberne Köpfe setzten in die Zeitungen: „Warum sollte man keine Flugzeuge für Post- und Passagierbeförderung herstellen?"

– Dummköpfe, dachte ich, glaubt ihr, daß Zivilisten sich in euere Flugzeuge stürzen und den Hals brechen wollen! Kein Mensch wird an Bord steigen!

. . . .

– Als unser Wirtschaftsrat-Ausschuß für Wiederaufbau und öffentliche Arbeiten in seiner Sitzung vom 6. April 1949 meine grundsätzlichen Ausführungen über die „Charta der Heimat", die ein Hohes Lied auf ein harmonisches Weltmaß darstellten, angehört hatte, spann der Präsident Caquot das Thema weiter, wies auf das bedenkliche Hindernis des Nebeneinander von **Meter und Fuß-Zoll** und fügte hinzu: „Der ausführende Arbeiter, der Maurer, der Mechaniker, sollten (und könnten sehr wohl) sich daran gewöhnen, mit Längenwerten umzugehen, die alle durch einen Buchstaben und eine Zahl bezeichnet werden usw...."

Man sieht, daß die Erfinder das Korn der Traditionalisten ernten! (Ich spreche hier von mir.)

Wenn wir zum „Modulor", zu John Dale und zu mir selbst zurückkehren, können wir annehmen, daß das Spiel der aufeinanderfolgenden Generationen die Konflikte lösen wird. Die kommende Generation wird vom Konflikt zwischen Meter und Fuß-Zoll nichts mehr wissen; die ihr folgende Generation wird nur noch Weltmaße kennen. Die überkommenen Bezeichnungen von heute werden verlassen und vergessen sein. Was ich (unbesonnen) „abstrakt" hieß, wird die übliche Tagesbezeichnung sein....

Ich möchte stets mit der Wirklichkeit verbunden bleiben. Die vorhergehenden Zeilen zeigen, wie schwierig dies ist.

In einer seiner beredten Schmähungen schrieb Henry Miller[1]: „Wir kehren zur Alchimie zurück, zu jener falschen alexandrinischen Weisheit, die unsere geschwollenen Symbole hervorbrachte . . ." Diesen Ausfall bezog ich auf den Gegenstand der vorliegenden Untersuchung und schrieb spontan: Der „Modulor" soll kein sagenhafter Gott sein, sondern ein einfaches Werkzeug, um die Pfützen zu durchqueren, die den Weg versperren, und schneller vorwärts zu kommen. Das wirkliche, den Technikern und Entwerfern gewiesene Ziel ist, *zu komponieren, zu schöpfen, zu erfinden; zu finden und zu zeigen, „was man in sich hat"; zur Proportion, zur Poesie zu gelangen . . .* Der „Modulor", ein Arbeitswerkzeug, fegt die Bahn rein; *ihr* herrschet, nicht er! Hier liegt der Kern der Frage. *Ihr selber herrschet!* Immer wollen einige bei Apothekern und Illusionskrämern die Verfahren kaufen, mit denen man Talent oder Genie macht! Arme Gesellen! Nur das besteht, was man in sich selber hat; der „Modulor" macht nur die Hausarbeit, nicht mehr. Dies aber ist schon viel!

*

Die Untersuchungen der seitherigen Kapitel hatten keinen wissenschaftlichen Charakter. So war es einfacher; ich bin kein Wissenschaftler.

---

[1] „Wendekreis des Krebses".

Eine Spur wurde nach allen Richtungen verfolgt und immer wieder angeschnitten; zwar in kleinen, unzusammenhängenden Stücken, aber von Menschen, die „Sachinstinkt" und Intuition beseelte. Bis zuletzt auf dem langen Weg eine Lösung sichtbar wurde. Ist es *die* Lösung? Nichts beweist es, und die Urheber der Untersuchungen dieses Werkes sind die letzten, die darüber urteilen können.

Einen Baum beurteilt man nach seinen Früchten. Das führt uns noch einmal zurück zu einem Unternehmen, das weder eine Bürde ist noch Ansprüche erhebt; zu dem Unternehmen eines Entdeckers, eines „derer, welche die Augen aufmachen".

Es handelt sich um einen Sonderfall auf dem sozialen Schachbrett: Musikerfamilie (musikalisches Erleben die ganze Kindheit hindurch), Zeichenleidenschaft, Gestaltungstrieb, Sauberkeit, Schärfe, angeborenes Bedürfnis, *auf den Grund zu gehen*, Harmonie. Plötzlich wird der Zickzackweg auf allen Spuren, die das Leben einem weist, zu einem Detektor, zu einem intermittierenden Kontaktor. Da und dort, an gewissen Stellen, wo andere ihren Weg weitergehen und nichts sehen würden, hält man an. Und eines Tages macht man eine Entdeckung . . .

. . . .

Darüber, eine Entdeckung gemacht zu haben, empfinde ich weder Stolz noch Eitelkeit oder Hochmut. Ängstlich und zitternd möchte ich mehr erfahren und beweisen können. Man wird zu mir sagen: „Ja, ein Zufall hat Ihnen einen Spalt des Zaubertores aufgemacht. Sie sind davorgestanden und dann vorübergegangen. So werden nun die Gelehrten (die, welche zwar wissen, aber vielleicht nicht fühlen, nicht vibrieren, nicht in jeder Minute durch die Kunst, durch die poetische Erregung mit dem Leben kommunizieren) die Sache erklären, berichtigen, verfolgen, weiterspinnen und für die Menschen nutzbringend machen müssen."

Jeden Morgen, bei jedem Schritt, wäge ich die Frage von neuem, käue das Problem wieder. Meine Unruhe in bezug auf den „Modulor" kam weitgehend daher, daß die Art meiner Aufgaben mich zwang, Zwischenpersonen arbeiten zu lassen – meine jungen Leute mit ihrer Begeisterung, ihrer Freude am Neuen, freilich auch mit ihrer Wirrnis und ihrem naiven Geltungsstreben. Ein Unglück hat mir Glück gebracht: 1947, in New York, hatten mich die Amerikaner, nachdem ich auf ihrem Boden im Lauf von achtzehn Monaten die wesentlichen Pläne des Generalquartiers der Vereinten Nationen geschaffen hatte, nach Paris heimfahren lassen und . . . vergessen, mich zurückzurufen. So konnte ich von Juli 1947 ab im Atelier der Rue de Sèvres in Paris mit meinen eigenen Händen und mit meinem eigenen Kopf an den Anwendungen des „Modulor" weiterarbeiten. An kleinen und großen Anwendungen, flüchtigen und weitausholenden, die sich gegenseitig endlos antrieben. Den Bleistift in der Hand operierte ich mit Ziffern, sammelte meine Erfahrungen selber. Dabei erfuhr ich eine Gewißheit: ich konnte feststellen, daß die Dinge allmählich so abgeschliffen waren, daß sie einen Zustand der Einfachheit erreicht hatten, der allen Überschwangs beraubt war. Und daß ich nach einem langen *durch Dunkelheit* sich windenden Weg nunmehr klar sah und von jetzt ab behaupten konnte, das befriedigende Modell eines wirksamen *Werkzeuges* geschaffen zu haben, dem höchstens noch durch irgend jemand, der wollte und konnte, der letzte Schliff zu geben war.

*

Jede Formel und jedes Werkzeug, die mir auch nur das kleinste Stück Freiheit entrissen, würde ich ablehnen. Ich will diese Freiheit so unangetastet erhalten, daß ich im Augenblick, wo goldene Zahlen und Liniennetze mir vielleicht eine vollkommen korrekte Lösung erlaubten, entgegnen würde: „Sie mag richtig sein, aber sie ist nicht schön." Und ohne Zögern schließen würde: „Das gefällt mir nicht, *das liebe ich nicht*, ich fühle es nicht mit meinen Sinnen, mit meinem Geschmack, mit meinen Fingerspitzen, die ich genügend besitze, damit sie mich zum Entschluß bringen: ‚Ich mag es nicht'!"

Gewiß wird von diesem Verdikt nicht die Mathematik getroffen (die dem Göttlichen ebenso nahe ist wie sie in ihren unendlichen Verschlingungen auf immer unfaßbar bleiben wird); doch wenn auch die Art, in der das untersuchte Problem auf die Versuchsbank des „Modulor" gebracht wurde, nämlich durch die Mathematik, außer Frage steht, so kann doch meine Lösung (meine Erfindung) selbst abgelehnt werden.

*

Dieses einfache, genaue Werkzeug zur Abmessung der Gegenstände hat zwei Aufgaben:

a) eine innere: das harmonische Werk;

b) eine äußere: die gegenwärtig zerrissene, ja rivalisierende menschliche Arbeit zu einigen, zu sammeln, in Einklang zu bringen.

Ich bin im Greifbaren geblieben, im Bereich der menschlichen Psycho-Physiologie. Ich habe mich nur mit solchen Gegenständen beschäftigt, die der Kontrolle des menschlichen Auges unterstehen.

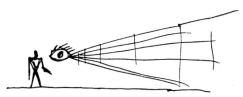

Abb. 74

Wahrend ich diese Abhandlung niederschrieb, bemühte ich mich, die ganze Frage noch einmal in ihren Einzelheiten und in ihrer Zeitfolge zu überschauen, damit die Hauptpunkte sichtbar würden, das Grundsätzliche hervorspränge, und alles einfach, natürlich, jedem erreichbar und dadurch freilich auch . . . anfechtbar würde, geeignet, bestritten oder in nützlicher Weise weiterverfolgt zu werden.

*

Wenige Augenblicke, nachdem ich diese Worte geschrieben hatte, sprach ich mit Henri Laugier, dem zweiten Generalsekretär der UNO in Lake-Success und Vorstand ihrer Wirtschafts- und Sozialabteilung über die beendete Arbeit. Er reagierte augenblicklich: „Was für eine Torheit, ein anderes Maß als den Meter einführen zu wollen ..."

Der „Modulor" ist ein Arbeitswerkzeug, eine Tonleiter, mit der man komponieren kann ... ganze Fabrikationsreihen, und auch, um durch die Einheit zu großen Bausymphonien zu gelangen.

3. Teil

ANHANG

Kapitel 7

Wesentliche

Bestätigungen

und

Schlußsatz

WIE der Jagdhund das Wild aufspürt, so merkt der Erfinder, die Nase im Wind, auf vor den Zeugnissen seines Forschens; wo ein anderer vorübergeht, hält er an und macht sich Aufzeichnungen. Hier einige Beispiele seines Verhaltens.

1

Die Abtei von Chaalis (in der Nähe von Paris).

Im Sommer 1948 stehe ich vor den Ruinen dieser Zisterzienserabtei aus dem XIII. Jahrundert. Der Eingang (ich glaube zum Querschiff) überrascht mich durch seine schönen Maße. Gerade hatte ich eine photographische Postkarte der Ruine gekauft und auf die Rückseite der Karte geschrieben: „Sonntag, 12. Juni 1948 in

Abb. 75

Ermenonville; ich betrete die Ruine der Abtei von Chaalis. Ich hole den „Modulor"
aus der Tasche: Höhe von A) genau 226. Ich messe die Breite von B): 226! Ich messe
C) = 226 + 140 = 366! Zufrieden gehe ich fort. Ich überlege, berate mich mit mir
selbst. Zweihundert Meter weiter sage ich mir: du hast vergessen, die Breite der Eingangstüre zu messen! Ich kehre zurück und messe: = 113! (d). Nun erst recht zufrieden kehre ich um." (Moral: man gebrauchte den Goldenen Schnitt. Einen Anhalts-
punkt im menschlichen Maßstab hatte man mit 1,82 m = 6'.)

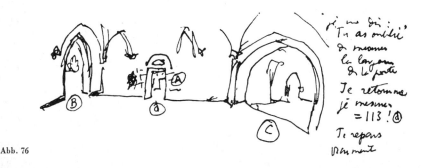

Abb. 76

194

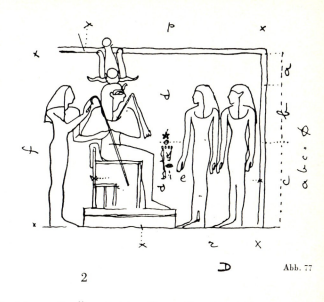

a = 15   p : 2 = ϕ
b = 24
c = 39
d = 39
e = 78
f = 78

2

Abb. 77

Ägypten.

Im Herbst 1948 denke ich an die Ägypter, an ihre selbstsichere Kunst voller Eleganz, Strenge, unbeugsamer Festigkeit. Ich schlage „Die Ersten Zivilisationen" von Gustave Lebon auf; Seite 425 zeigt die Wiedergabe der Photographie eines Flachreliefs vom Tempel Setis I. in Abydos. Die Maße scheinen die Reihe Fibonacci, die aus der menschlichen Gestalt abgeleitet ist, zu bestätigen. Die hier gegebenen Zahlen drücken in Millimetern die verschiedenen der Reproduktion entnommenen Maße aus; ihr Verhältnis ist bezeichnend: es ist in a, b und c die ϕ-Reihe Fibonacci. Die Werte d und d bestimmen genau den Ort einer kleinen Scheibe im Herzen einer Hieroglypheninschrift. Diese kleine Scheibe hat sofort mein durch den Gebrauch der Liniennetze geübtes Auge angezogen. An anderer Stelle wird d + d durch f und durch e bestätigt.

195

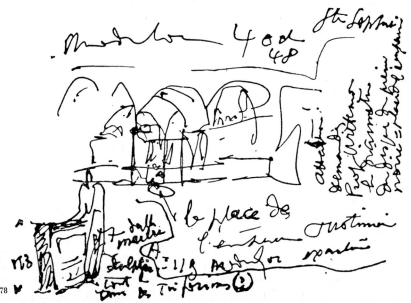

Am 3. Oktober des vergangenen Jahres setzte mich das Flugzeug in Istanbul ab. Am folgenden Tag empfing mich Professor Wittemore in der Hagia Sophia, wo seine junge Archäologenmannschaft nach den Mosaiken sucht, die seit Jahrhunderten unter dem Mörtel der Wände vergraben sind. Wir stehen im Triforium an einer Stelle, die durch eine große schwarze Marmorscheibe besonders auffällt; die Scheibe ist vor der das Schiff überhängenden Balustrade in den Boden eingelassen. „Das war der Platz des Kaisers Justinian". Dieser Zentralpunkt in schönem skulptiertem Marmor fesselt mich. Der „Modulor" wird aus dem Etui genommen und hält fest: genau 113 cm.

Abb. 78

Abb. 79

4

Eine Stunde später sind wir im Herzen des alten Byzanz, in der Kirche von Kahrie, berühmt durch ihre Mosaiken, die von den Türken stets geschont worden waren.

Die Breite des Narthex erscheint mir besonders schön. Mit Hilfe einer französischen diplomatischen Persönlichkeit, die wir gerade hier angetroffen hatten, wird der „Modulor" gebraucht und zeigt die Breite A mit 226 + 113 = 339.

Abb. 80

5

Als ich am folgenden Samstag von Izmir zurückkam, machte ich noch einmal in Istanbul Station. Diesmal beschäftigt mich die Pforte des Großen Serails. (Sie öffnet sich nach dem Hügel mit den einst unbezwinglichen Mauern, welche die Sultane und ihre Harems, die Kioske und anbetungswürdigen Gärten, die ganze Traumlandschaft am Zusammenfluß des Bosporus, des Marmarameeres und des Goldenen Horns beschützten.)

Die Pforte selbst mißt 226 + 70 = 296 (drei Maße des „Modulor"); die Seitennische mißt nur 223 cm.

Während des achttägigen Aufenthaltes in der europäischen und asiatischen Türkei hatte ich mich neben meiner Arbeit nach den türkischen Maßen erkundigt, die eine so starke, prächtige Baukunst geliefert haben (Istanbul, Brussa usw.):

Eine *Zira* bedeutet im türkischen Bauwesen 24 *Parmak* (Zoll) = 24/12 *Hat* (Linien) = 288/2 *Nokta* (Punkte) = 0,75774 m.

Übersicht: 1 Zira   = 0,758 m,   (Der „Modulor" liefert 0,70   m,
            1 Parmak = 0,031 m,   –   0,03   m,
            1 Hat   = 0,0026 m,   –   0,0025 m.)

Eingangstüre des Großen Serails: 4 Zira = 4/758 = 303,8 (der „Modulor" liefert 296).

Noch ein Maß: 1 *Kulak* (ein Mensch mit ausgestreckten Armen) = $2^{1}/_{2}$ Zira = 188 (der „Modulor" liefert 182).

6

Berg Athos (Hagion-Oros, Chalkidike). Auf diese Halbinsel des Ägäischen Meeres hat sich seit dem Jahr 800 n. Chr. ein Teil der byzantinischen Kultur in die Klöster – oder heutzutage wenigstens in die Bibliotheken dieser Klöster und in die Gemälde ihrer Kirchen – geflüchtet.

Nachdem ich von dieser kurzen Reise in der Türkei zurückgekehrt war, fiel es mir ein, einen Blick in meine Reisetagebücher von 1910 zu werfen, als ich als Student mit dem Rucksack auf dem Buckel eine große Reise nach dem Orient unternahm, die mich mit vielen Dingen bekannt werden ließ. In meiner Hose hatte ich eine besondere Tasche für einen Doppelmeter; schon damals hatte ich das Bedürfnis, *Maße zu nehmen*. Meine Reiseskizzen sind von Maßen übersät. Wenn ich sie mir heute wieder ansehe, wird mir bewußt, daß mein damaliges Verfahren nicht die Gewissenhaftigkeit besaß, zu der mich meine späteren Aufgaben führten. Meine Maße aus dem Jahre 1910 dürfen daher nur als Hinweise betrachtet werden.

Kirche des Klosters in Philoteou. Abb. 81.

	„Modulor" I (Basis 1,75 m)	„Modulor" II (Basis 1,82 m)
1,45 m		1,40
2,20 m	2,16	2,26
2,10 m		
3,40 m	3,50	3,66
3,70 m		
4,10 m	4,58	
4,15 m		
4,20 m		

7

Pompeji (Reisetagebuch 1910). Abb. 82.

Tempel des Forums.

	„Modulor" I (Basis 1,75 m)	„Modulor" II (Basis 1,82 m)
1,05	108	113
1,20	108 + 11 = 119	
1,65	134	140
1,75	175	
1,85	175	183
3,70	350	366
12,00		12,53
15,00		
16,00		15,50

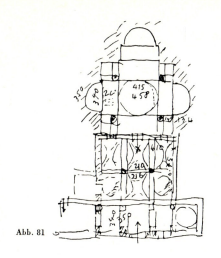

Abb. 81

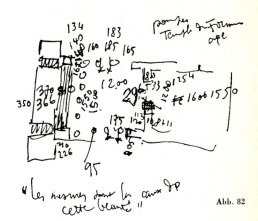

Abb. 82

Casa del Noce d' Argento. Abb. 83.

	„Modulor" I	„Modulor" II
300		296
400	350 + 50	366 + 33
460	458	478
640		592 + 53
12,20		12,54
16,00		15,50

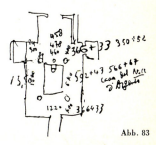

Abb. 83

Pompeji (Fortsetzung). Abb. 84.

Die Cella des Apollotempels (Forum).

	„Modulor" I	„Modulor" II
114		113
146		140
570	566	591
810		775 + 33

Eine Grundmauer.

9		10
15^1/$_2$	15	16,4
28		27
130	134	140
142		142

Bäder.

210		
210		
220	216	226

Eine Brunnenschale.

35	30	33
40	41	43
70	67	70
85	82	86
102	108	113
260		226 + 33
520	566	591

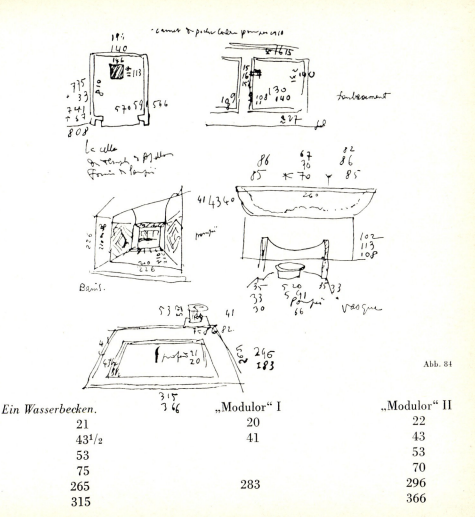

Abb. 84

Ein Wasserbecken.	„Modulor" I	„Modulor" II
21	20	22
43$^{1}/_{2}$	41	43
53		53
75		70
265	283	296
315		366

PRESIDENT	VICE-PRESIDENT	SECRETARY AND ASST. TREASURER	TREASURER	DIRECTOR
ROBERT F. BLAKE	WILLIAM EMERSON	SETH T. GANO	CHARLES FRANCIS ADAMS	THOMAS WHITTEMORE
HARVARD UNIVERSITY	107 MASSACHUSETTS AVE	199 WASHINGTON STREET	STATE STREET TRUST CO.	712 SEARS BLDG.
CAMBRIDGE 38, MASS.	BOSTON 15, MASS.	BOSTON 8, MASS.	BOSTON, MASS.	BOSTON 8, MASS.

THE BYZANTINE INSTITUTE, INC.

BOSTON	PARIS	ISTANBUL
199 WASHINGTON ST., RM. 712	4 RUE DE LILLE	MUSEUM OF HAGHIA SOPHIA

4, rue de Lille (VIIe),
Paris, le 4 Décembre 1948.

Cher Monsieur -

Ce n'est que maintenant, en rentrant à Paris, que je suis en mesure de répondre à votre lettre du 13 Octobre.

Voici les dimensions en mètres de certaines parties de Sainte-Sophie qui vont vous intéresser:

Balustrade du gynécée.- Le diamètre du disque noir, au sol, devant la balustrade est de 132 cm. La hauteur de la balustrade indiquée par vous est de 113 cm. 113   113+20 = 133

Nef.- **Sens Nord-Sud:**
Largeur des piliers : 3.32 m.   3.66 ou 113+226 = 339
Portée de l'arc entre les piliers : 32 m.   32,81

Sens Est-Ouest:
Longueur des piliers : 4.65 m.   4.787
Portée de l'arc entre les piliers : 22.6 m.   20.28+2.26 = 22.54

Narthex.- Largeur du Narthex : 9.60 m.   9.57
Largeur de la porte Nord : 2.90 m. (maximum)   2.959
2.68 m. (minimum)

Largeur de la porte Sud: 2.90 m. (maximum)   2.959
2.57 m. (minimum)

Je joins une carte d'invitation pour l'exposition de la copie du Panneau Jean II Comnène dont vous avez pu voir l'original.

J'espère que vous trouverez un moment pour visiter la Bibliothèque de l'Institut Byzantin avant mon départ de Paris pour Londres et les Etats-Unis le 13 Décembre.

Croyez, Cher Monsieur, à mes sentiments dévoués.-

Thomas Whittemore

Fig. 85

Übersetzung Seite 240

Paris, le 10 Décembre 1948

Monsieur le Professeur WITTEMORE
Institut Byzantin
Haghia Sophia
<u>ISTAMBOUL</u>   (Turquie)

Cher Monsieur,

J'ai bien reçu votre aimable lettre du Décembre et vous en remercie vivement. Je m'efforcerai de venir vous voir avant votre départ pour l'Amérique, mais je suis dans une période extrêmement remplie en ce moment-ci.

Je vous donne, à titre de curiosité, la réponse du "Modulor" à vos chiffres :

$$
\begin{aligned}
1,13 &= 1,13 \\
1,32 &= 1,13 + 0,203 = 1,33 \\
3,32 &= 1,13 + 2,26 = 3,39 \\
32,00 &= 32,81 \\
4,65 &= 4,787 \\
22,6 &= 20,28 \\
9,60 &= 9,57 \\
2,90 &= 2,959 \\
2,90 &= 2,959
\end{aligned}
$$

Croyez, Cher Monsieur, à mes sentiments les meilleurs.

Fig. 86

Übersetzung Seite 241

9

Schweizer Pavillon der Cité Universitaire in Paris 1930–32. Abb. 87.

Der Pavillon ist von uns sorgfältig entworfen worden, war aber strengen und willkürlich gehandhabten Bauvorschriften unterworfen.

Bei Gelegenheit eines Wandbildes, das ich im September 1948 auf der gekrümmten Bibliothekwand ausführte, wird mir eine vorher nicht beabsichtigte mathematische Beziehung bewußt, die aus der bloßen Intuition kam.

$$140 - 226.$$
$$366 \quad (\text{ungefähr } 2 \times 182).$$

Bei der Verkleidung der gekrümmten Wandfläche durch Isorel-Tafeln mit Stoßleisten konnten wir die Quoten 140 + 140 + 70 verwenden, den Rest der Gesamthöhe überließ man einem Sockel für das Aufsitzen des Bildes über dem Fußboden und einem gewissen Abstand des Bildes von der Decke.

10

Bei der Fertigstellung im September 1948 wird die Übertragung der Skizze auf die Wand enthüllt; sie war vorher mit den Werten des „Modulor" in Übereinstimmung gebracht worden. Die Skizze maß 17,5 × 55 Zentimeter, die Wand 3,50 m × 11 m. Wir übertrugen nicht mittels eines Quadratnetzes, sondern legten durch Abszissen und Koordinaten einige Merkpunkte fest.

Dabei ergibt sich, daß diese Koordinaten vom „Modulor" herkommen (durch die bloße Auswirkung eines Harmoniegesetzes): 33 + 45 + 53 + 70 + 113 + 140 + 182 + 226 usw.

11

Die Frachter.

Mein Nachbar im Flugzeug zwischen Izmir und Istanbul ist ein junger türkischer Ingenieur der Handelsmarine. – „Ich reise nach Göteborg", sagte er zu mir, „um dort

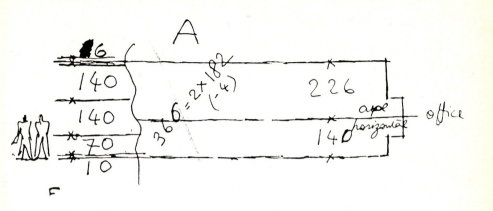

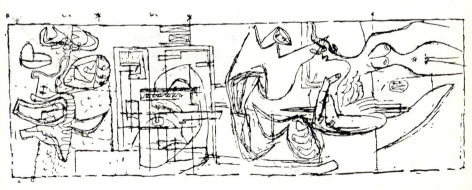

Abb. 87

für mein Land einen Frachter zu übernehmen."
– „Nennen Sie mir doch die normale lichte Raumhöhe *zwischen* zwei Decken der Frachtschiffe?" –
„Der normale lichte Zwischenraum zweier Decke ist 2,26 m." – „Würden Sie dies in einer Zeichnung darstellen?"

– „Hier. Bei dieser Gelegenheit mache ich Sie darauf aufmerksam, daß dasselbe auch für die Fahrgastkajüten der Postschiffe gilt."

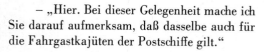

Abb. 88

Das Bedürfnis nach Wohlbehagen und die allgemeine Wirtschaftlichkeit des Werkes haben die Planer auf die Spuren der Architekten des XVIII. Jahrhunderts geführt, die, um die von den Frauen verlangte Intimität und Bequemlichkeit zu erreichen, die „kleinen Appartements" schufen. Abb. 88.

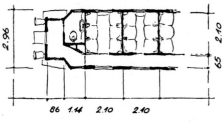

12

Die Eisenbahnwagen.

Schreine für Menschen mit menschlichen Maßen.

Ich ernte.

Abb. 89

208

13

Der Parthenon.

Oktober 1948. Der Zufall spielt eine außergewöhnliche Urkunde in meine Hände. Es handelt sich um Kopien der von Herrn Balanos in Athen zwischen 1923 und 1931 gefertigten Originalpläne, mit dem peinlich genauen Nachweis aller beim Bau des Parthenon verwendeten Marmorblöcke: Stufen, Säulen, Gebälke.

Die Prüfung dieser Maße erlaubt tausend Schlußfolgerungen. Etwas Entscheidendes, überzeugend Einfaches gewinnt man nicht daraus. Eine erste Durchsicht der Zahlen, die mehr als zwanzig große Papierbögen füllen, regt mich an, den „Modulor" I (der von einer Gestalt von 1,75 m, 108–216, ausgeht) als Zeugen anzurufen; die Griechen waren sicher kleiner als die Angelsachsen und Wikinger. Unter diesen Bedingungen macht die Lektüre der oben erwähnten Zahlen – dank der Überzeugung und einiger Zoll- oder Millimeterschübe, die der Glaube eingibt!! – recht optimistisch.

Schon als Begriff ist der Parthenon ein ungewöhnliches Monument, die Stätte *aller Nuancen.* Er ist mehr ein richtiges *Bildwerk* als ein Bauwerk. Er vervielfacht die „optischen Korrekturen", die er seiner Lage an einem Rand der Akropolis und der Kraft des attischen Lichtes verdankt.

Iktinos, Kallikrates und Phidias gleiten uns zwischen den Fingern, wenn wir die Maße der Säulen prüfen und die Zahlen kaltblütig das genaue Maß von 10,00 m ergeben – als vorweggenommene Segnung der Französischen Nationalkonvention von 1793!!

Ich wiederhole: man steht hier vor einem großartigen, in die Landschaft des Hymettos, des Pentelikon, des Piräus und der Inseln gemeißelten Bildwerk, nicht aber vor einem Bauwerk, das in seinem Wesen und aus Notwendigkeit auf der Wiederkehr von Zahlen beruht, wie zum Beispiel eine gotische Kathedrale (Gewölbe und Strebepfeiler) oder der Eiffelturm oder auch einfach die Wohneinheit in Marseille (strukturelle Bedeutung – Textur – der Maße).

14

Städtebau in Peru, 1948.

José Louis Sert, der Präsident des Weltrates der CIAM[1], schreibt mir am 13. September aus New York:

„. . . Bei meiner Arbeit für Lima (einem Bebauungsplan) habe ich den „Modulor" ausprobiert. Was für ein glücklicher Fund! Im Städtebau und für Pläne großen Maßstabs ist er eine wertvolle Hilfe. Dank ihm kann man Höhen verbindlich festlegen, Modellösungen und auch Baumassenbegrenzungen finden und auf diese Weise den Grund zur gesetzlichen Aufstellung von Städtebauordnungen legen. Bis heute gab es nichts derartiges . . ."

15

Ein Pharao.

Ramses II. bestätigt die Existenz von Liniennetzen. Abb. 90.

Die Zahlen der hier wiedergegebenen Skizze drücken in Millimetern die Abmessungen des Bildwerkes nach Champollion aus; sie sind dem Buche von Gustave Lebon „Die ersten Zivilisationen" entnommen. Der Leser wird erkennen, daß mathematische Beziehungen vorhanden sind.

---

[1] Congrès Internationaux d'Architecture Moderne, gegründet 1928 in Sarraz (Schweiz).

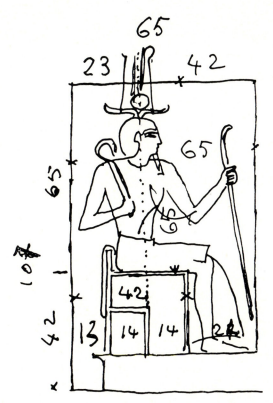

Abb. 90

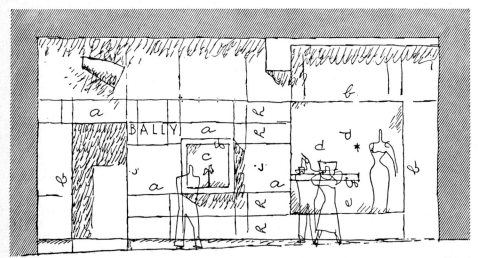

16

Außenansicht eines Ladens (BALLY), der 1948 am Boulevard de la Madeleine in Paris auszubauen war.

Er zeigt eine Metallverkleidung, die durch drei Nischen unterbrochen wird. Die Komposition ist von unbestreitbarer Vielgestaltigkeit.

a = 113 RO   d = 140 BL

b = 226 BL   e = 86 − g (13) BL = 73

c = 86,3 BL   h = 43 RO

g = ¹/₂ von 26,6 RO = 13,3   i = 113 − g (13) BL = 100

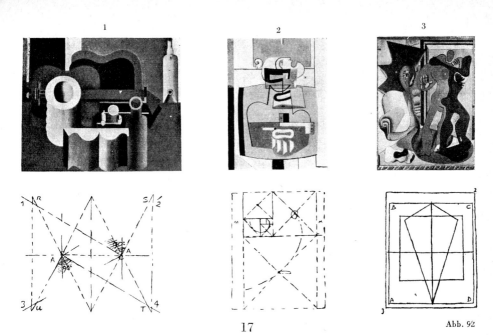

17

Abb. 92

Regulierende Linien verbesserten Bildkompositionen.

Die Liniennetze treten hier als Beispiele eines Verfahrens auf, das ich in meine architektonischen Arbeiten seit 1911 und in meine Bilder seit 1919 eingeführt hatte. Insbesondere liefert das erste Liniennetz zweier Bilder aus dem Jahr 1920 – eines in der Sammlung La Roche in Paris, das andere im Museum of Modern Art in New York – in A die Lösung, die ich die „des Ortes des rechten Winkels" nenne und die 1942, zweiundzwanzig Jahre später, die unmittelbare Anregerin des „Modulor" wurde.

Das Liniennetz 2 eines Bildes von 1929 entwickelt die logarithmische Spirale.

Das Liniennetz 3 verknüpft Quadrat und Fünfeck.

213

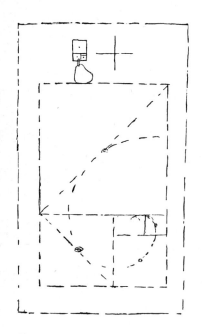
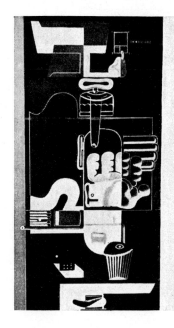

Abb. 93

Hier ist eine Bemerkung nötig: man sieht, daß die Liniennetze nicht von den vier Bildecken ausgehen, sondern eine restliche Fläche übriglassen (ganz besonders das Netz 2 die Restflächen M und N auf den beiden Seiten; Netz 3 eine Restfläche ringsherum zwischen 1, 2, 3, 4 und A, B, C, D). Der Nichtunterrichtete würde in diesen Werken vergebens nach Liniennetzen suchen, die von den vier Bildecken ausgehen, es würde ihm nicht gelingen, wenn er nicht in Willkür verfallen wollte. Obwohl ich die regulierenden Liniennetze seit mehr als dreißig Jahren verwende, muß ich bekennen, daß, wenn die Jahre einmal vergangen sind und das Gedächtnis nachgelassen hat, es

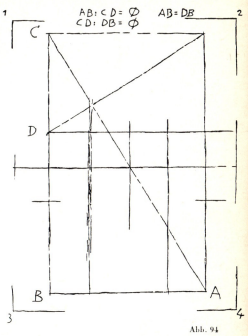

Abb. 94

sehr schwierig ist, in einem vor zehn oder dreißig Jahren entstandenen Werk das wirkliche Liniennetz wiederzufinden, es sei, denn, man hätte vorsichtigerweise Merkpunkte eingezeichnet, so wie es hier die Bilder 2 und 3 bekunden.

Das Liniennetz 3 entwickelt ein $\emptyset$-Rechteck, das Liniennetz 4 einen harmonisch wachsenden Gnomon.

Beide lassen große Reste übrig, die jedoch mit dem Netz selbst verbunden bleiben.

In dem – auf einer einwandfreien Geometrie aufgebauten – Bild 4 fand der Maler

Geschmack daran, das Liniennetz im kleinen auf der Leinwand zu wiederholen; er hat ihm aber eine ... Birne zugesellt, glücklich, dadurch zu bedeuten, welche Gefahr die Künstler laufen, wenn sie nicht vor allem andern ihr Urteil und gestalterisches Auge bewahren. Heil dem Verständigen! Abb. 93.

Das Bild 3 enthält eine andere Fußangel: die Portion Bleigelb des Photographen oder des Lichtbildners auf dem Photoabzug oder auf dem Klischee, und den rings um die photographische Platte geklebten Papierrahmen. Die Reinheit des Bildformates besteht nicht mehr, und der Nachprüfende ist wieder einmal der Willkür ausgeliefert.

Der Verfasser einer Studie über die Malerei, der Photograph, der Hersteller des Klischees, häufen oft genug durch unglückliche Schnitte die Unsicherheits- und Ungenauigkeitsfaktoren. Dies alles ist alltäglich und der Beschauer ist der Leidtragende.

18

Vom Gemälde zum Wolkenkratzer. Abb. 95.

1938. Ich komme von Algier zurück, wo ich wieder eine Lanze für die moderne bauliche Gestaltung der Stadt und ihrer Umgebung gebrochen hatte. Meine Gedanken kreisen um den zukünftigen Wolkenkratzer im Geschäftsviertel. Als ich die Türe zu meinem Malatelier öffne, wird meine Aufmerksamkeit von einem regulierenden Liniennetz angezogen, das auf die nackte Leinwandrückseite eines Bildes aus dem Jahre 1931 gemalt ist. In meinem Kopf gibt es eine plötzliche Schaltung: hier ist das Proportionsgerüst, das in die Landschaft Algiers den Wolkenkratzer stellen wird, der mich seit 1930, das heißt seit acht Jahren, beschäftigt. Acht Jahre hindurch habe ich in Gedanken die Theorie des „cartesianischen Wolkenkratzers", als Gegensatz zum vernunftlosen Wolkenkratzer in New York oder in Chicago[1] aufgebaut: die Theorie seiner inneren Biologie, seines Baugefüges, seiner allgemeinen Haltung ... Auf einen Schlag entfaltet sich heute die Knospe: die Proportion – Einheit, Verschiedenheit, Rhythmus. Auf der einen Seite

---

[1] „Quand les Cathédrales étaient blanches", Reise in den USA 1935. Verlag, Plon, Paris.

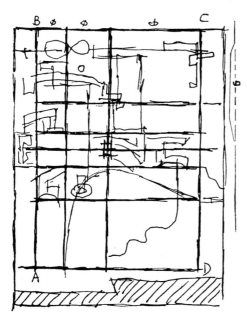 

Regulierendes Liniennetz auf der Rückseite eines Bildes von 1931. Wolkenkratzer in Algier · Abb. 95

(der Bergseite) werden sich die vertikalen Leitlinien eng zusammendrängen; auf der andern, mit dem Gesicht zum Meer, verbreitern und vergrößern sich die Abstände der Bauglieder, gewinnen Weite . . .

Der Gegenstand ist unerschöpflich. Ich hatte gerade diese paar Seiten fertig geschrieben, als mir meine Abendlektüre den Beweis erbrachte. Henry Kahnweiler hat

---

ANMERKUNG: Auf den Abbildungen 92, 93, 94 und 95 erscheinen die regulierenden Liniennetze verkehrt; dem Leser wird es nicht schwer fallen, sie sich von links nach rechts umzudenken.

mir sein nobles Buch über Juan Gris[1] zugesandt. Dieser Maler – ich schätze mich glücklich, einer seiner Freunde zu sein – hat sein ganzes malerisches Werk von vornherein
auf starken Liniennetzen aufgebaut, innerhalb derer er Gitarren, Obstschalen, Gläser,
Flaschen, Früchte, Figuren emporschießen ließ, ordnete und bewältigte. Juan Gris war
das Geschöpf, das der Kunst zu malen (Kunst = Verfahrensart) am innigsten hingegeben war. Er war und bedeutet heute unbestreitbar der stärkste und nobelste kubistische Maler. Das Buch Kahnweilers (350 große Seiten) bestrebt sich, das einzigartige
malerische Ereignis aufzuzeigen, das in unserer Zeit hauptsächlich durch Seurat, Cézanne, Gris dargestellt wird: durch „Phänomene", potenzierte Maler von Grund auf.
Gris plante *a priori* geometrisch: „Für Gris handelte es sich darum, ein Sprungbrett
zu finden, nicht etwa ein Geländer. Als er das Sprungbrett gefunden hatte – anschei-
nend aufs Geratewohl –, ließ er sich auf keine Berechnungen mehr ein, ließ keine Zirkel
spielen" . . .

Eine Seite vorher hatte Kahnweiler geschrieben:

„Gris' Tat hatte keine Beziehungen zu gewissen pedantischen, hohlen Methoden,
die nur Geist und Hand der Maler lähmten, die sie befolgten. Dies war vor allem der
Fall mit der „Offenbarung", die Sérusier 1897 im oberen Donautal im Land der
Hohenzollern erlebte: die einer noch unbekannten Ästhetik, einer gewissen neuen Rang-
ordnung, und von Kunsttheorien, die sich auf die Mathematik, die Zahl, die Geometrie
gründen, Theorien, zu denen sich eine große blühende Klosterschule, die der Benedik-
tiner von Beuron, bekennt . . . und die nie zu gültigen Werken geführt haben . . . Die
Beuroner Theorien haben eine große Zahl von Malern beeinflußt, oft durch unter-
irdische Verbreitung und ohne Wissen der Interessierten, die wahrscheinlich weder die
Werke noch die Schriften des P. Didier (Beuron) kannten . . . Besonders will ich einige
Kubisten zweiten Ranges nennen: Jeanneret und Ozenfant in ihrer puristischen Periode und nahezu die Gesamtheit der Verfechter der „abstrakten Kunst". Alle diese

---

[1] „Juan Gris, Sein Leben, sein Werk, seine Schriften", Gallimard.

Künstler glauben wie Beuron und Sérusier an ein berechenbares „Schönes" und an die Möglichkeit, dieses „Schöne" überall durch mathematische Mittel zu erreichen . . ."

Der soeben genannte Jeanneret war ich[1]. Die Zeugen sind also anwesend. Das Wort Beuron hörte ich zum erstenmal gegen 1922 oder 1923 aussprechen. Ich bin aber der widerspenstigste Schüler; um die Wahrheit zu sagen, das Gegenteil eines Schülers. Ich brachte kein Quäntchen Neugierde für Beuron auf, ja empfand das heftigste Mißtrauen. Mein Leben hat nur aus eigenen Beobachtungen bestanden. Ich stelle die Frage – und diese Frage soll uns an den Schluß dieses Essais führen –: hat ein zur Freude der Seele geschaffenes, sichtbares Werk, das unterschiedliche Formen und Flächen, Löcher und Buckel, kurz: gegensätzliche oder verwandte meßbare Elemente benützt (ich spreche von Baukunst und Malerei), hat ein solches Werk das Recht, der Geometrie und den mathematischen Beziehungen Rechnung zu tragen? Dies nur für den überflüssigen geistigen Komfort. Denn diese Frage betrifft nicht die Industrie, die Werkplätze, die Serie, sondern das, was man in der Berufssprache die Gestaltung heißt.

Gewöhnlich lautet die Anwort ja, und sie dürfte richtig sein.

Der Einsatz dieser Wurzel der Komposition, dieser Blume der Freude, kann zu Beginn oder unterwegs oder am Schluß erfolgen.

Wann wird die Idee geboren (im Berufsjargon: die Inspiration)? Bevor oder während der Mann der Kunst seinen Bleistift in der Hand hält? Das ist eine persönliche Sache, eine Sache der Umstände, der unterschiedlichen Bedingungen, der Art des Arbeitens, der Geistes- und Verhaltensart. Vielfalt, Unterschied der Fälle – eine ganze Blütenlese der Geister. Kahnweiler entscheidet sich: „. . . Für Gris handelte es sich darum, ein Sprungbrett und nicht ein Geländer zu finden".

Der Kunst sind keine Regeln gesetzt: Gelingen oder Mißlingen hängen von der Lösung ab, die dem Konflikt der Ideen, der Erregungen, der Physik des Verfahrens

---

[1] Meine ersten Bilder zwischen 1918 und 1928 sind JEANNERET gezeichnet.

usw. gegeben wird ... Denn ein Kunstwerk ist die Beendigung und sinnhafte Verdolmetschung eines unglaublichen, unbegreiflichen, nicht mitteilbaren inneren Kampfes. Eines seiner konstitutiven Elemente ist die Mathematik, ebenso wie die Farbe, die Farbwerte, die Zeichnung, der Raum usw., ebenso wie Gleichgewicht oder Nichtgleichgewicht, Zorn und Heiterkeit usw.

Ich fordere für die Kunst das Recht auf Verschiedenartigkeit. Ich verpflichte die Kunst zur Neuheit, zum Niezuvorgesehenen, Niezuvorerdachten. Ich erwarte von der Kunst eine gewisse Herausforderung ... durch Spiele, durch das Spiel, denn das Spiel ist geradezu die Selbstdarstellung des Geistes. Die gewaltigen Sprünge von einem Felsen zum andern der Gemse, die mit ihrem ganzen Gewicht auf einen Huf zurückfällt, der von einem Knöchel von zwei Zentimeter Durchmesser gehalten wird, sind die Herausforderung und sind Mathematik. Immerzu wechselt das Phänomen der Mathematik vom bloßen Rechnen (das dem Alltag dient) hinüber zur Zahl (der Waffe der Götter); unsichtbar stehen die Götter da und spielen mit den Zahlen. Für uns besteht keine Notwendigkeit, gemachte oder verzückte Mienen aufzusetzen, wenn wir die Blitzstrahlen fundamentaler Wahrheit erleben, denen am Kreuzpunkt der Straßen uns auszusetzen uns zuweilen erlaubt ist, und die echte religiöse Tatsachen sind. Es ist aber auch unnütz, wenn man irgendwo dem religiösen Faktum begegnet, auf den Fußspitzen zu gehen und bigott zu werden. Worte sind Worte: sie bezeichnen. Es gibt Dinge, die nicht jedermann angehen, und zum Glück! Dagegen scheint es, daß der Wohlklang die Zustimmung aller entlockt. Doch das Wort *alle* bezeichnet in diesem Fall auch nur einen Teil: die Ehrlichen. Und wer sind auf diesem Gebiet die Ehrlichen? Wieder einmal, da die Natur den Menschen eine unerschöpfliche Verschiedenheit in der Einheit darbietet, bin ich glücklich, daß unseren Händen so viel Verschiedenartigkeit zu erreichen gegeben wurde.

Diese Abhandlung erzählt von einem Werkzeug, dem „Modulor"; es liegt auf dem Zeichentisch neben dem Bleistift, dem Winkel, der Reißschiene. Reißschiene und

Winkel, sind sie Verbrecher der schlechten Gesinnung oder des Falschspiels? Es ist unnötig, darüber zu streiten oder unsere Unterhaltung abschweifen zu lassen.

Zum Schluß bleibt mir noch, auf zwei Tatsachen hinzuweisen, die sehr wohl Ausdruck zweier Denkweisen sein können:

19

Regel und Zirkel.

Wir wollen Paul Claudel in der „Verkündigung Mariae" zitieren.

„. . . Ich erinnere mich, wie er den einen von uns strafte, der die ganze Zeit in seiner Ecke saß, um zu zeichnen:

Er schickte ihn für den ganzen Tag auf das Gerüst und ließ ihn dort den Maurern helfen und ihnen ihre Kübel und Mauersteine reichen.

Zweierlei, sagte er, wisse er am Ende des Tages besser als durch Regel und Zeichnung: die Last, die ein Mann tragen kann und die Höhe seines Körpers.

Und auch, daß die Gnade Gottes jede unserer guten Taten vervielfacht.

Auf diese Weise lehrte er uns kennen, was er „den Silberschekel des Tempels" heißt, und jene Wohnung Gottes, für die jeder Mensch, der tut, was er kann,

mit seinem Körper ein geheimes Fundament bildet;

kennen, was Daumen und Hand und Elle sind und was unsere Armweite und die ausgestreckten Arme sind, und der Kreis, den man mit ihnen beschreibt,

und der Fuß und der Schritt;

und wie keines von all diesem jemals dasselbe ist.

Glaubt ihr, der Körper sei dem Vater Noah gleichgültig gewesen, als er die Arche baute? Sind Gleichgültigkeiten

die Zahl der Schritte von der Türe zum Altar, und die Höhe, zu der man das Auge erheben darf, und die Zahl der Seelen, die die beiden Kirchenschiffe in sich bergen?

Denn der heidnische Künstler tat alles von außen her, wir aber tun alles von innen her wie die Bienen.

Und wie die Seele es für den Leib tut: nichts ist müßig, alles lebt.

Alles ist *Tat* aus der Gnade."

Lange habe ich gezögert, diese Stelle zu zitieren; ich wollte in diesem Buch die Wonnen und Verführungen, die geheimen Fallen der Dichtung vermeiden.

Aber Claudel fährt fort:

„Der Bürgermeister. – Der Kleine spricht gut.

Ein Arbeiter. – Hört, wie er der Worte seines Meisters voll ist wie eine Elster.

Der Lehrling. – Sprecht achtungsvoll von Pierre de Craon!

Der Bürgermeister. – Es ist wahr, daß er Bürger von Rheims ist, und man nennt ihn auch Meister des Zirkels.

Wie man früher Messire Loys den Meister der Regel nannte."

Der Meister des Zirkels, der Meister der Regel waren zwei verschiedene Männer und Wesen. Ich glaube, daß die beiden Ausdrücke Regel und Zirkel nicht ohne Grund gebraucht werden. Ich glaube, daß sich darunter, oder dahinter, gewisse Bedeutungen verbergen. Ich kenne sie nicht. Es ist aber auf diesem Höhepunkt ebenso viel wert, aus der Unwissenheit Gewinn zu ziehen, der Schwester der Arglosigkeit. Ich versuche klar zu sehen.

Als ich diesen Sommer in einer kleinen Schenke am Marneufer meinen Pernod bezahlte, fing ich vor dem Aufdruck der Fünfzigfrankennote, die mir der Kellner zurückgab, einem Stich des Herrn Leverrier, zu sinnen an. Er stellt (wahrscheinlich) den Architekten Mansart dar, mit dem Zirkel in der Hand und vor seinem Meisterwerk, dem Observatorium in Paris. Vor diesem Stich im reinen Stil „Beaux Arts" über die „Beaux-Arts-Architektur" nachdenklich geworden, schrieb ich in mein Taschenbuch:

„. . . Das Übel in der Architektur ist der *Zirkel* (nicht der des Kopernikus), der Zirkel der Beaux-Arts, der gegenüber Maßen und Abmessungen gleichgültig ist, der in seiner *abstrakten* Handhabung mit einem Meter so gleichgültig umgeht wie mit hundert Metern oder wie mit einem Kilometer, knochen- und fleischlos, ohne *Blut* und ohne Leben. Ein bloßes Nacheinander, ein Zusammenzählen und Aneinanderreihen von Gleichem liefert eine Genauigkeit ohne Salz. Das Maß aber ist eine Abschätzung, eine Beurteilung, eine Annahme nach vorausgehender Verhandlung und Prüfung durch ein Spiel von Reflexen oder durch Überlegung, es ist das Maß, das man zwischen den ausgestreckten Armen in den Händen hält, das man mit dem Auge schätzt, um seine Macht dann auf das zu übertragen, was in unmittelbarer Reichweite ist, es ist der 2,26 m-„Modulor" oder der Meter oder der übliche zusammenklappbare Doppelmeter, und auch das, was man im Geist *abschätzt*. Was man abschätzt! Die Spannkraft des Geistes macht sich ans Werk, das Spiel kommt in Gang, starke und vernünftige Beziehungen stellen sich her, die viel unerbittlicher und unendlich schlagkräftiger auf unser Gefühl einwirken als die abgedroschene Rechnerei des Zirkels . . ."

Dies also für den Zirkel in den Händen des Zeichners über seinem Reißbrett: tik, tik, tik, tik. Ein Viertel nach rechts: tik, tik, tik. Kreuze, Sterne, Planachsen. Sternpläne und die ganze Folge gestaltloser Ergebnisse.

Da ist aber noch der andere Zirkel, der des Pierre de Craon. Der Zirkel des Mathematikers, der Zirkel, der imstande ist, zwischen seinen Spitzen begrenzte Kreisflächen oder auch Projektionen in die Unendlichkeit herzustellen, aufzuzeigen, hervorzulocken, der des geometrischen Spieles fähig ist, das in die grenzenlosen, gefährlichen Entzückungen der Symbole und der Metaphysik führt, das zuweilen zu Lösungen befähigt, oft aber auch zur Flucht einlädt. Ein gefährliches Werkzeug, je nach der Geistesart, die die Hand leitet. Ich bin geneigt, die Resultate so einzuteilen:

Der geometrische Geist führt zu faßbaren Formen und ist Ausdruck der architektonischen Gegebenheiten: senkrechte Mauern, zwischen vier Wänden wahrnehmbare Bodenflächen, der rechte Winkel als Zeichen des Gleichgewichtes und der Standfestigkeit. Man könnte es so ausdrücken: ein unter das Zeichen des Quadrates gestellter Geist, und diese Aussage wird durch die traditionelle Benennung „allantisch" bestätigt, die der mittelmeerischen, also antiken, *auf dem Quadrat beruhenden* Baukunst gegeben wird.

Oder aber: der geometrische Geist führt zu den Liniennetzen funkelnder Musterrisse, die nach allen Richtungen Strahlen aussenden oder sich zu Dreiecken oder andern Vielecken verknüpfen, gleich befähigt zu räumlicher Weite wie zu subjektiver, abstrakter Symbolik. Ich möchte so sagen: Geist unter dem Zeichen des Dreiecks und des konvexen oder sternförmigen Fünfecks und deren räumlichen Entsprechungen, des Ikosaeders und des Dodekaeders. Die Baukunst *unter dem Zeichen des Dreiecks,* die die Sprache der Renaissance „allagermanica" hieß.

Dort die starke Objektivität von Formen, die dem intensiven Licht der Mittelmeersonne ausgesetzt sind: eine männliche Architektur.

Hier eine unbegrenzte Subjektivität unter trüben Himmeln: eine weibliche Architektur.

Die vom Quadrat verwenden den Zirkel nicht, denn sie gestalten nur einfache Flächen und Körper, deren Darstellung in Quadraten oder Rechtecken sehr objektive und leicht zu schätzende Verhältnisse festhält.

Die vom Dreieck führen den Zirkel in ihren Händen. Kosmographie, Gestirne . . . Vorsicht, vor solcher Subjektivität machen wir: pst! pst! . . .

Es bleibt der Mann der Regel, Messire Loys.

Ich halte es für normal, daß ein Werk der menschlichen Schöpfungskraft von einem inneren Gesetz beseelt ist. Ich beziehe mich auf die nächstliegenden Begriffsbestimmungen des Lexikons: Regel: *lenken;* Prinzip: *Gesetz;* Disziplin: *Ordnung . . .* (Larousse).

Ich komme zu der einfachen Überlegung zurück: auf der einen Seite Dinge, die man sieht und mißt, dann denke ich: Architektur; auf der anderen Seite Dinge, die einen weit fortführen, in grenzenlose, unfaßbare Welten, dann denke ich: Metaphysik. Zwei einander folgende Erscheinungen: die eine holt die andere ein, überschreitet sie vielleicht nur unter Gefahren.

Ich bin Architekt, Gestalter, Konstrukteur. Von dort kam ich her, als ich die Umstände der Auffindung eines Arbeitswerkzeuges zu erklären suchte, das für die bestimmt ist, die sich mit Bauen beschäftigen. Dieses Werkzeug hat die Gabe, die Textur des architektonischen Werkes zu vereinheitlichen, ihm die innere Festigkeit zu geben, welche die Gesundheit selbst ist. Die innerste, grundsätzliche Wiederherstellung aller Kunstformen war das große Anliegen der Menschen meiner Generation, wie es auch Kahnweiler in seinem Schlußwort über die kubistische Revolution sagt: „Ob sie Maler, Architekten oder Musiker waren, alle diese um 1880 geborenen Künstler[1] sind bemüht, sich über die wirkliche Natur der von ihnen ausgeübten Kunst Rechenschaft zu geben und für diese Kunst eine unerschütterliche, weil aus ihrem eigensten Wesen gewonnene, Grundlage wiederzufinden. Alle diese Männer versuchen Werke zu schaffen, die so sehr wie möglich durch sich selbst bestehen, als Beispiele einer durch einen mächtigen Rhythmus getragenen Einheit, die die Teile dem Ganzen unterwirft. Jedem dieser aus ihrer Erregung entstandenen Beispiele verstehen sie eine in ihrer Einzigkeit vollständige Unabhängigkeit zu sichern. Sie verstehen, aus *ihrer* Kunst auf die reinste und stärkste Weise das Werk zu schaffen. Alle sind sich darüber einig, was ihre Arbeit *ergeben* soll."

---

[1] Er hatte vorher ihren Einsatz gewürdigt: den von Gris, Picasso, Braque, Léger, Schönberg und Satie, verknüpft nun damit den der Dichter: Max Jacob, Reverdy, und verweist auf die Übereinstimmung mit meinem eigenen Suchen: „L. C. bemüht sich in seinen Bauwerken neue Wesenheiten zu schaffen, die im Ganzen wie in ihren Teilen auf einem einzigen Verhältns beruhen; dabei achtet er wie Gris auf das zu Beginn des Werkes geborene Gesetz einer ersten Beziehung, die zur Erzeugerin der objektiven Erscheinung des Werkes wurde . . . Darüber hinaus ist L. C., mehr noch als der Erfinder von **Formen und Raum**, als den er sich auf diese Art erweist, ein **Raumschöpfer**, der die großen Barockarchitekten erreicht und der Baukunst ihren vollen Sinn wiedergibt . . ."

Ohne genaue Unterrichtung über den *Mann des Zirkels* und den *Mann der Regel* stellte ich neulich die Frage: welcher von beiden steht an der Spitze? Ich erhielt die Antwort: „Sie wissen gut, daß es der vom Zirkel ist!"

Doch nein, ich weiß nichts darüber! Ich fühle, daß *heute* – in einer Zeit der Vorherrschaft der Konstruktion, außerhalb der Rückstände einer absterbenden Kultur – die Regel notwendig und der Zirkel gefährlich ist. Der Zirkel (nicht der der Fünfzigfrankennote) würde alle grenzenlosen Dinge erklären, zu Esoterie und Pythagoräertum usw. führen. Da ich Baumeister und nicht Interpret bin, halte ich die Türen für gefährlich, die *heute* (ich wiederhole das Wort) das Ausbrechen erlauben. Da ich so spreche und so handle, wird man mich auf den minderen Platz eines bloßen Handlangers verweisen. Um so besser! Dank!

Paris, den 25. November 1948.

LE CORBUSIER.

Kapitel 8
Unterlagen
und
Zeugnisse
mehren sich
Das Wort haben nunmehr
die Benutzer

N der Luft summte noch ein verwirrendes „wie und warum?". Am 25. Oktober 1948 stellte ich für Fräulein E. Maillard den folgenden Fragebogen zusammen, bei dessen Beantwortung ihre Umgebung an der Sorbonne helfen sollte:

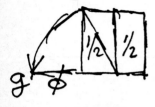

erster Riß, liefert *g*

Ort des rechten Winkels;
dieser Riß liefert *i*,
außerdem *m* und *n*

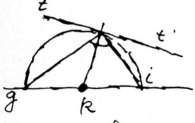

der in den Kreis eingetragene rechte Winkel
liefert eine schräge Tangente *t t'*; *k* ist die
Mitte von *g i*

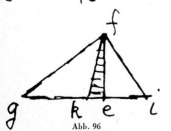

Abb. 96

das Dreieck *k f e* erscheint,
k f = Radius.
e f ist die Mittelachse des Anfangsquadrates,

1. FRAGE: *Welche Beziehung besteht zwischen k f und e f?*
und zwischen k f und e g und e i?

2. FRAGE: *Welche Beziehungen haben unter sich* ⎫ *die Tangenten in f?*
Wohin führen ⎬
In welchen Punkten treffen sich ⎭ *die Schräge m n?*

Die Antwort des Mathematikers Herrn Taton lautete:

Paris, den 5. November 1948.

„Sehr geehrter Herr,

ich sende Ihnen die Antworten auf die Fragen, die Sie mir stellten. Die Ergebnisse finden Sie auf dem maschinengeschriebenen Blatt, die Berechnungen auf dem zweiten Blatt.

Ich hoffe, daß die Antworten Sie zufriedenstellen. Auf alle Fälle stehe ich zu weiteren Aufklärungen oder zu Antworten auf neue Fragen zu Ihrer Verfügung.

Ich freue mich, daß diese Gelegenheit mir erlaubte, Ihre Bekanntschaft zu machen, und bitte Sie, den Ausdruck meiner ergebenen Hochachtung entgegennehmen zu wollen.

Gezeichnet: R. TATON.“

Hier die Ergebnisse (Abb. 97 und 98):

„1. Wenn man die Seitenlänge des Anfangsquadrats als Einheit annimmt, so ist gk = ki = 1,006 (wobei k die Mitte von gi und Mittelpunkt des durch g, i und f beschriebenen und also den rechten Winkel gfi einschließenden Kreises ist).

Die über gk und ki errichteten „Quadrate" sind daher für das Auge zwar Quadrate, mathematisch aber sind sie der Quadratform nahekommende Rechtecke.

2. Das Verhältnis von kf zu ef ist 1,006 (denn kf ist Kreisradius).

Das Verhältnis zwischen kf und ei ist 1,006 : 0,8944 = 1,1125.

3. Die Tangente in f und die Schräge mn sind Parallelen und bilden mit der Horizontalen einen Winkel von 6° 19'. Sie stehen senkrecht zum Radius kf.

Die Tangente schneidet die horizontale Basis in einem Punkt 4,44 rechts von Punkt e.

4. Wenn man die einander folgenden abnehmenden Dreiecke betrachtet, die durch die Entwicklung der Figur erhalten wurden, so besteht der Punkt p' nur für die Tangente in f. Die auf die einander folgenden Dreiecke bezüglichen Geraden mn sind parallel untereinander und parallel zu der Tangente; die erste schneidet die horizontale Basis in p, so daß „ep" = 4,44 ist, die andern schneiden sie in Punkten, die sich p' unaufhörlich nähern.

Anmerkung: Die einander folgenden Dreiecke nähern sich beständig dem Punkt p', erreichen ihn aber nie, denn mit jedem Dreieck befindet man sich wieder wie bei der Anfangsfigur im selben Fall eines ähnlichen Maßstabwechsels.

Der Inhalt jedes Dreiecks ist $^4/_5$ des vorhergehenden.

Gezeichnet: R. TATON."

Und hier die beiden Blätter mit den Berechnungen:

Feuille de calculs

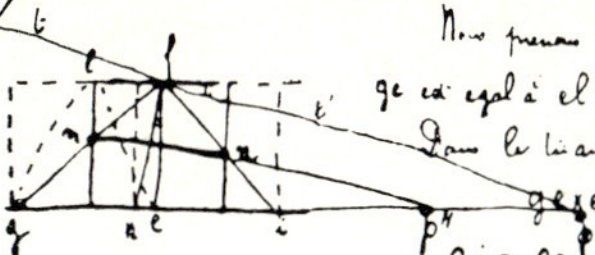

Nous prenons comme unité le côté du carré central

qui est égal à e'i, c'est à dire à $\sqrt{1^2 + 1^2} = \sqrt{2}$

Dans le triangle rectangle gf... ou f... horizontale

ge:ei = e'f:ei c'est à dire $\frac{\sqrt{3}}{1} = ei:1$ d'où $\boxed{ei = \frac{2}{\sqrt{3}}}$

$gi = ge + ei = \frac{\sqrt{2}}{2} + \frac{2}{\sqrt{3}} = \frac{3+4}{2\sqrt{6}} = \frac{7}{2\sqrt{6}} = \frac{9\sqrt{3}}{10} \# 2,0125$

Donc k étant le milieu de gi

$$\boxed{gk = ki = 1,0062}$$

Le rectangle construit sur gk et ki et de hauteur d ne sont donc qu'approximativement des carrés car leur base = 1,0062

Le cercle passant par les 3 points g f i donc contenant l'angle droit en f comme angle inscrit a pour centre k

$$ke = ge - gk = \frac{\sqrt{2}}{2} - \frac{9\sqrt{3}}{20} = \frac{\sqrt{6}}{20}$$
$$\frac{ke}{e'f} = \frac{\frac{\sqrt{6}}{20}}{1} = \frac{\sqrt{6}}{20} \qquad kf = kg = ki = \frac{9\sqrt{3}}{20} = \text{rayon du cercle}$$

La tangente en f à ce cercle est perpendiculaire à kf

donc fait avec l'horizontale le même angle que kf fait avec ke

Cette tangente coupe l'horizontale de base en p' tel que les deux triangles fke et fep' sont semblables

$$ep' = e'f \times \frac{e'f}{ke} = 1 \times \frac{1}{\frac{\sqrt{6}}{20}} = \frac{20}{\sqrt{6}} = \frac{20\sqrt{6}}{5} = 4\sqrt{6} \# 8,94$$
$$= 10 \, ei$$

La droite mn est déterminée par les points m et n.

La droite gf : $\frac{x}{-\frac{\sqrt{3}}{2}} + \frac{y}{\frac{1}{2}} = 1$ ou $\frac{2x}{-\sqrt{3}} + y = 1$

Le point m a pour abscisse $-\frac{1}{2}$ et pour ordonnée $\frac{1}{\sqrt{3}} + y = 1 \quad y = 1 - \frac{1}{\sqrt{3}} = \frac{\sqrt{3}-1}{\sqrt{3}}$

La droite fe perpendiculaire à fg a pour équation : $y = -\sqrt{3}x + 1$

Le point n a pour abscisse $\frac{1}{2}$ et pour ordonnée $y = -\sqrt{3}\cdot\frac{1}{2} + 1 = \frac{4-\sqrt{3}}{4}$

$$m\left(-\frac{1}{2}, \frac{\sqrt{3}-1}{\sqrt{3}}\right) \qquad n\left(\frac{1}{2}, \frac{4-\sqrt{3}}{4}\right)$$

mn a pour pente $\frac{\frac{4-\sqrt{3}}{4} - \frac{\sqrt{3}-1}{\sqrt{3}}}{1} = \frac{4\sqrt{3} - 5 - 4\sqrt{3} + 4}{4\sqrt{3}} = -\frac{1}{4\sqrt{3}} = -\frac{\sqrt{3}}{20}$

Donc mn est parallèle à la tangente en f

et est donc perpendiculaire à kf.

Abb. 97

233

la droite mm a pour équation : $y = -\dfrac{\sqrt{6}}{20} x + \dfrac{8\sqrt{5}-9}{8\sqrt{3}}$

∴ elle coupe l'horizontale de base au point p'' : $x = \dfrac{8\sqrt{5}-9}{8\sqrt{3}} \times \dfrac{20}{\sqrt{5}} = \dfrac{8\sqrt{5}-1}{2}$

\# $4{,}44$

donc mm et la tangente en f sont de droite parallèles :

coupaient l'horizontale de base la 1re au point p'' : $ep'' = 4{,}44$

la 2e au point p' : $ep' = 8{,}94$

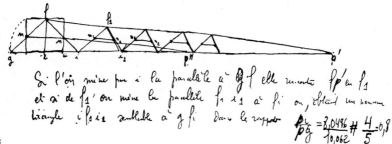

Abb. 98

Si l'on mène par i la parallèle à gf elle rencontre pp' en f_1 et si de f_1 on mène la parallèle $f_1 i_1$ à fi on obtient un nouveau triangle $if_1 i_1$ semblable à gfi. Dans le rapport $\dfrac{f_1 i_1}{fg} = \dfrac{8{,}0486}{10{,}062}$ \# $\dfrac{4}{5} = 0{,}8$

Die Antwort des Mathematikers kann so ausgelegt werden: die Ausgangshypothese (1942): „Man nimmt zwei gleiche, aneinanderstoßende Quadrate und errichtet im Innern der beiden am sogenannten ‚Ort des rechten Winkels' ein drittes Quadrat, das den beiden ersten gleich ist . . .“ wird bestätigt.

JEDOCH...

Jedoch der Mathematiker fügt hinzu: deine beiden Ausgangsquadrate sind keine Quadrate; die eine ihrer Seiten *ist um sechs Tausendstel größer als die andere Seite* ...

In der täglichen Praxis sind sechs Tausendstel eines Wertes das, was man eine quantité négligeable heißt, die nicht in Rechnung gestellt zu werden braucht; man sieht sie nicht *mit den Augen*.

In der Philosophie jedoch (ich habe zwar zu dieser strengen Wissenschaft keinen Zutritt) spüre ich, daß diese S E C H S T A U S E N D S T E L von irgend etwas eine unendlich kostbare Bedeutung haben; die Sache ist nicht erledigt, man kann sie nicht zur Seite schieben; das Leben tritt auf, es besteht in der Wiederholung einer prophetischen Gleichheit, die ausgerechnet nicht genau gleich ist ...

... Was Abwechslung schafft.

*

Am 4. Dezember 1948 brachte mir Fräulein Elisa Maillard die Antwort des Zirkels (Abb. 99) mit der Bleistiftnotiz:

„3 Quadrate,

4 Kreisumschreibungen,

... Diagonalen der teils quadratischen, teils im Goldenen Schnitt rechteckigen Teilflächen,

über die Kreise hinaus verlängerte Pentalpha-Diagonalen der beiden kleinen Kreise."

*

Am 12. Dezember 1948 stellte ich diese *liegende* Zeichnung Maillard *aufrecht*, legte sie farbig an und zeichnete den *Mann mit erhobenem Arm* ein. Die Auslegung durch *Kreise* ersetzte ich durch eine mit *Rechtecken* und *Quadraten*.

235

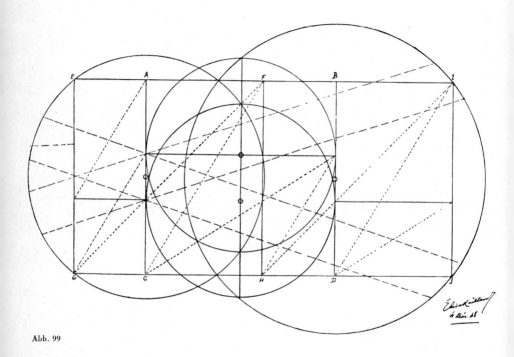

Abb. 99

Abb. 100

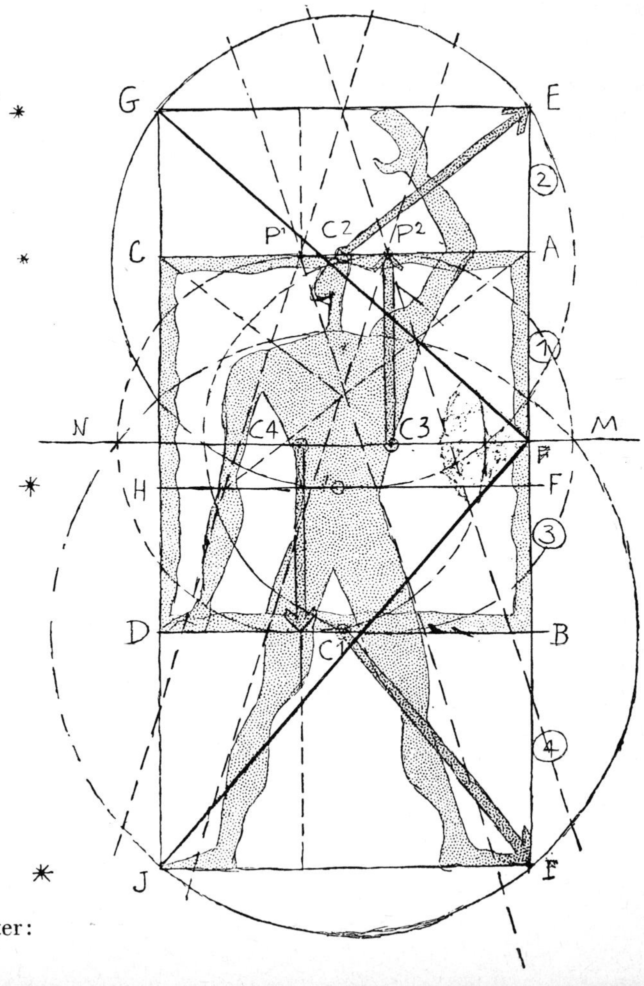

Und ich schrieb darunter:

„Diese Skizze schließt die Studie über den „Modulor" durch die Bestätigung der Ausgangshypothese ab."

Und noch dies:

> HIER spielen
> die GÖTTER!

ich schaue zu und halte mich weislich außerhalb dieses Lustgartens!"

ENDE

Anmerkung: Der Umbruch dieses Buches geschah mit Hilfe des „Modulor".

238

Seit jenem Ende des Jahres 1948 bis zum heutigen Tag, dem 23. September 1949, an dem diese Schrift den Vermerk „druckfertig" erhielt, gärte es um den „Modulor". Durch Hörensagen, durch die bloße Undichtigkeit erreichte sein Gedanke gewisse Personen und Kreise sowohl in Europa wie auch in Nord- und Südamerika, erregte Neugierde, Unruhe, Fragen und Einschaltungen. Seit einem Jahr häufen sich die Papiere in meinem Aktenbündel „Modulor". Dieses Buch ist die Antwort.

. . . .

Danach wird man weiter sehen! Ich weiß, daß diejenigen, die dieses abgestimmte Instrument kennengelernt haben, es nicht mehr aufgeben werden.

Ihnen wird das Wort gehören und allen, die probieren, sich bemühen, erörtern verbessern, vorschlagen wollen.

Schon 1946 hatte ich zu John Dale gesagt: „Das Phynanzpatent habe ich fallen lassen. Ich bleibe dabei, das „Modulor"-Band als Arbeitswerkzeug in den Vereinigten Staaten herstellen zu lassen; zusammen mit dem Zirkel wird es auf den Zeichentischen liegen. Was in Wirklichkeit erreicht werden müßte, ist der M O D U L O R - F R E U N D - S C H A F T S B U N D, der Weltbund derer, die an ihn glauben; dieser Bund müßte durch eine Weltzeitschrift in mehreren Sprachen- (auch in einer künstlichen Arbeitssprache[1], in der Förderer und Benutzer über größere oder kleinere Vervollkommnungen ihre Gedanken austauschen können) angeregt werden. Der Inhalt dieser Weltzeitschrift? Er würde von der höheren Mathematik bis zu den bescheidensten Auswirkungen auf das Leben, auf den Lebensrahmen, auf die Dinge des Gebrauchs und des Verbrauchs reichen: von der Kücheneinrichtung bis zu den künftigen Domen einer ihre Einheit suchenden Welt."

Das Wort haben nunmehr die Benutzer!

---

[1] Die nicht ausbleiben kann.

Übersetzung der Abb. 85:

The Byzantine Institute, Inc.
4, rue de Lille (VII e),
Paris, den 4. Dezember 1948.

Sehr geehrter Herr,

erst jetzt, nach meiner Rückkehr nach Paris, ist es mir möglich, Ihren Brief vom 13. Oktober zu beantworten.

Nachstehend die Abmessungen in Metern einiger Sie interessierender Teile der Hagia Sophia.

Balustrade des Frauenschiffes. – Der Durchmesser der schwarzen Scheibe des Fußbodens, vor der Balustrade, beträgt 132 cm. Die Höhe der von Ihnen bezeichneten Balustrade ist 113 cm.

Schiff. – Nord-Süd-Richtung:

Pfeilerbreite: 3,32 m.
Spannweite des Pfeilerzwischenbogens: 32 m.
Ost-West-Richtung:
Pfeilerlänge: 4,65 m.
Spannweite des Pfeilerzwischenbogens: 22,6 m.

Narthex. – Breite des Narthex: 9,60 m.
Breite der Nordtüre: 2,90 m (Maximum),
2,68 m (Minimum).
Breite der Südtüre: 2,90 m (Maximum),
2,57 m (Minimum).

Eine Einladungskarte für die Ausstellung der Kopie der Tafel Johann II. Commenus, deren Original Sie sehen konnten, füge ich bei.

Ich hoffe, daß Sie vor meiner Abreise am 13. Dezember von Paris nach London und nach den Vereinigten Staaten einen Augenblick Zeit finden, die Bibliothek des Byzantinischen Institutes zu besuchen.

Empfangen Sie, sehr geehrter Herr, usw.

gez. Whittemore.

Übersetzung der Abb. 86:

Paris, den 10. Dezember 1948.

Herrn Professor Wittemore
Byzantinisches Institut
Hagia Sophia
Istanbul (Türkei).

Sehr geehrter Herr,

für Ihren liebenswürdigen Brief vom Dezember danke ich Ihnen bestens. Ich nehme mir vor, Sie vor Ihrer Abreise nach Amerika zu besuchen, bin aber gegenwärtig in einer äußerst beschäftigten Periode.

Der Merkwürdigkeit halber gebe ich Ihnen nachstehend die Antwort des „Modulor" auf Ihre Zahlen:

$$1,13 \ = \ 1,13$$
$$1,32 \ = \ 1,13 + 0,203 \ = \ 1,33$$
$$3,32 \ = \ 1,13 + 2,26 \ \ = \ 3,39$$
$$32,00 \ = \ 32,81$$
$$4,65 \ = \ 4,787$$
$$22,6 \ = \ 20,28$$
$$9,60 \ = \ 9,57$$
$$2,90 \ = \ 2,959$$
$$2,90 \ = \ 2,959$$

Empfangen Sie, sehr geehrter Herr, usw.

INHALT

————

————

[1] Die Zahlentafel der Werte des „Modulor" findet man auf Seite 84.